정정하는 힘

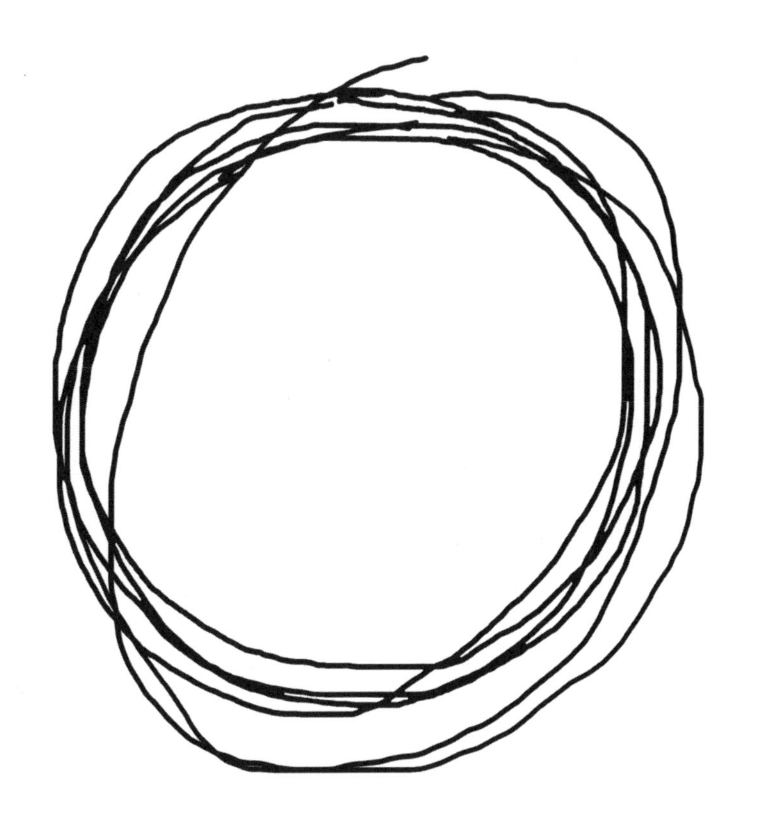

정정하는 힘

아즈마 히로키 지음 안천 옮김

메디치

일러두기

1. 이 책의 각주는 모두 옮긴이가 독자의 이해를 돕기 위해 임의로 추가한 것이다.
2. 일본어 인명 원어에 괄호로 덧붙인 생년 또는 생몰년 표기 또한 독자의 이해를 돕기 위해 옮긴이가 임의로 추가한 것이다.

옮긴이 서문

1. 오늘보다 나은 내일을 위한 '정정하는 철학'

우리는 살아가면서 후회를 피할 수 없다. 인생은 선택의 연속이고 그 모든 선택에서 정답을 고르는 것은 불가능하다. 그 순간에는 맞는 선택이었다 하더라도 주변 환경이 바뀌어 더 이상 옳은 선택이 아니게 되어버린 경우도 있으며, 심지어 어떤 선택을 하든 후회할 수밖에 없는 경우도 종종 있다. 따라서 이는 삶의 절대적 조건이라 해도 과언이 아니다.

그런데도 사람은 후회를 두려워한다. 왜냐하면 후회는 자기부정이기도 하기 때문이다. 후회는 본인의 지우고 싶은 과거, 고통스러운 기억과 마주하고 이를 돌이켜보기를 요구한다. 나의 어둡고 잘못되고 어리석은 부분을 들추어내는 아픔을 동반한다. 그러니 후회를 피할 수 없는데도 이를 멀리하고 싶어 하는 것은 어찌 보면 당연하다.

후회의 원인이 되는 과거 그 자체를 지워버리고 싶어 하는 욕망을 아즈마는 이 책에서 '리셋 욕망'이라고 부른다. 아즈마는 리셋 욕망을 부정적으로 평가하지만, 나는 거쳐야 할 과정 중 하나라고 생각한다.

리셋 욕망이 생기는 것은 과거의 일부를 부정하고 싶기 때문이다. 부정하고 싶은 나머지 과거 그 자체가 없어지기를 욕망한다. 따라서 순수한 이상을 추구하는 성향이 강할수록 리셋 욕망으로 기울기 쉽다. 과거의 잘못된 모습에 대한 반대급부로서 '순수한 이상'을 그려가는 과정에서 리셋 욕망이 형성된다고 표현해도 되리라. 그것은 과거를 버리고 이상을 취한다.

하지만 리셋 욕망은 과거와 함께 현실도 버리고 만다. 현실을 조금이라도 이상에 가까운 모습으로 바꾸고 싶다면, 과거를 통째로 버리는 것이 아니라 잘못된 과거를 반추하고 이를 고쳐 현실과 다시 접목하는 길을 모색해야 한다. 때 묻은 과거와 순수한 이상을 블렌드blend해 현실을 오늘보다 나은 내일로 조금씩 고쳐 나가자는 철학 — 이것이 내가 해석한 아즈마의 '정정하는 철학'이다.

그러니 후회를 두려워할 필요는 없다. 잘못된 과거를 호출해 정정해가기 위한 첫걸음이니까. 호출한 과거를 반추하고 재해석해 미래의 자신과 연결지음으로써 내 정체성을 새로이 업데이트할 용기에 아즈마가 붙인 이름이 '정정하는 힘'이 아닐까 한다. 이는 과거의 자신을 올곧게 후회하고 이를 고쳐감으로써 미래의 나를 바꾸어가는 동력으로 삼는 힘인 것이다. 달리 말해 이상을 잊지 않고 현실을 사는 힘이요, 현실에 뿌리를 두고 이상을 품는 힘이다.

2. 아즈마 히로키를 말하다

이 책의 저자 아즈마 히로키는 근 20년 동안 줄곧 '일본을 대표하는 철학자'로 평가받는 인물이다. 1998년에 간행한 첫 저작 《존재론적, 우편적》으로 일본에서 가장 주목받는 비평가가 되었다. 프랑스 철학자 자크 데리다를 논한 이 책에서 아즈마는 전기 데리다를 '존재론적 탈구축', 후기 데리다를 '우편적 탈구축'으로 구분하며 전자는 전형적인 포스트모더니즘적 사유의 연결선상에 있고 후자야말로 데리다가 지닌 가능성의 중심이라고 주장했다.

두 번째 저작 《동물화하는 포스트모던》(2001)은 정통 서양 철학을 다룬 현학적이고 난해한 《존재론적, 우편적》과는 달리 서브컬처를 평이한 문체로 다룬 비평서로, 이 또한 일본 인문학계에 큰 파장을 일으켰다. 인간의 이성적 측면이 아닌 동물적 측면과 고도로 발전한 자본주의 사회 내 문화적 생산/소비의 관련성을 일찍이 논해 기존의 포스트모던 담론이 놓치고 있었던 현실을 이론적으로 가시화했다.

그 후로도 문학, 서브컬처 분야뿐만 아니라 IT 기술의 발전과 사회구조 변화의 관련성 등 폭넓은 주제로 글을 써왔으며 그 사유의 집합체로서 2017년에 《관광객의 철학》을, 2023년에 그 후속작인 《정정 가능성의 철학》을 간행했다. 이 책 《정정하는 힘》은 《정정 가능성의 철학》에 담긴 핵심 사유를 구체적인 예를 들며 어떻게 정정 가능한 삶이 가능한지를 평이하게 풀어 쓴 책이다. 앞서 《관광객의 철학》에 이르는 아즈마 사유의 궤적에 관심이 있는 독자는 내가 아즈마를 인터뷰한 《철학의 태도》(2020)를 읽어보기 바란다.

3. '거리 두고 읽기'의 필요성

저자가 〈들어가며〉에서 언급했듯이 이 책은 시사, 이론, 실존, 응용의 네 장으로 이루어졌고, 독자를 일본인으로 상정하고 있다. 따라서 한국의 독자에게는 이론편을 담고 있는 2장을 먼저 읽어볼 것을 권한다.

첨언하자면 아즈마가 이 책에서 논하는 시사적 내용에 한국의 관점에서는 위화감을 느낄 때가 있는데, 일본 독자를 전제로 쓴 내용이니 당연히 한국 독자는 이에 수긍할 필요가 없다. 옮긴이로서 나는 다음의 두 가지를 얘기해두고 싶다.

(1) 이 책에서는 아즈마가 일반적인 일본인 독자를 상대로 자신의 철학을 설명하는 과정에서 알기 쉽게 전달하기 위해 시사적 예를 들고 있다. 따라서 일본의 시사 문제에 대한 아즈마의 구체적인 입장보다는 추상적인 취지, 달리 말해 그 문제에 접근할 때 펼치는 논리나 제시하려는 사고방식에 초점을 맞추고 읽기 바란다. 조금 극단적인 예를 들자면 하이데거가 나치 사상에 영향을 끼쳤다고 해서 그의 철학을 모두 부정할 필요가 없는 것처럼, 한국의 독자 또한 사안별로 저자의 시시비비를 판단하고 음미하면 된다.

(2) 정치적 좌/우라는 관점에서 보면 아즈마는 중도에 속한다. 그런 점에서 이 책은 현대 일본의 중도파가 갖는 의견을 대표하는 한 사례라 할 수 있다. 하지만 아즈마의 정치 인식은 좌/우 관점과는 다소 다른 차원, 더 추상적인 차원에 무게중심을 두고 있으며, 따라서 시사 문제에 대한 아즈마의 입장만으로 그의 논의를 재단하지 않았으면 한다. 2장 이론편을 읽으면 내가 말하려는 바가 더 쉽게 다가올 것이다. 아즈마가 논하는 '정치'의 뿌리를 좀 더 알고 싶다면 아즈마의 다른 저작 《느슨하게 철학하기》(2021)에 실린 글 〈악과 기념비의 문제〉를 참고하기 바란다. 이 책에서도 언급한 관동군 731부대 등을 다루고 있는데, 아즈마가 생각하는 '정치'가 일반적으로 말하는 정치보다 훨씬 근원적인 차원의 것임을 알 수 있다.

* * *

만약 번역에 문제가 있다면 이는 내 불찰과 역량 부족 때문이니 의문이나 문제점을 발견한 독자가 있다면 가감 없는 의견을 보내주시기 바란다〔X(구 트위터) @aniooo〕. 소중한 가르침을 받는 자세로 경청할 것이고, 지금까지 번역했던 책과 마찬가지로 개인 블로그(https://aniooo.wordpress.com)를 통해 바로잡겠다.

들어가며

일본에 필요한 것은 '정정하는 힘'이다.

일본은 매력적인 나라다. 하지만 여러 분야에서 갈피를 못 잡고 있다. 정치는 정체되었고 경제는 침체 상태다.

언론은 대담한 개혁이 필요하다고 외치고 있다. 하지만 실제로는 아무것도 바뀌지 않았다. 많은 사람이 불만을 호소한다.

더 이상 일본에 미래가 없는 것일까? 나는 그렇게 생각하지 않는다. 일본에 필요한 것은 상명하달식의 대대적인 개혁이 아니라, 한 사람 한 사람이 현장에서 조금씩 바꾸어가는 꾸준한 노력이다.

이러한 꾸준한 노력에도 철학이 뒷받침되어야 한다. 작은 개혁을 추진하기 위해서는 지금까지 쌓아온 것을 그냥 부정하는 것이 아니라, 오히려 과거를 '재해석'해 현시점에서 되살리는 유연한 사상이 있어야 한다. 나는 이 책에서 이런 사상을 논하려 한다.

앞으로 한 걸음 나아가기 위해 현재와 과거를 잇는 힘.

이것이 이 책에서 말하는 '정정하는 힘'이다.

이런 주장을 미지근하다고 느끼는 사람도 있을 것 같다. 일본은 리셋 욕망이 강한 나라다. 메이지유신(1868)과 패전(1945), 두 번에 걸쳐 나라 모습이 크게 바뀌었고 급격한 성장을 이루어냈다는 성공 체험이 있어서다.

그래서 지금도 많은 사람이 기나긴 정체를 돌파하기 위해 원점부터 다시 출발하는 게 낫다는 생각을 갖고 있다. 동일본대지진(2011)이 일어난 직후에는 "이것으로 일본 사회는 확 바뀌어 '재해 후'라는 새 시대로 돌입한다"는 말을 많이 들었다. 최근에도 사회학자 미야다이 신지宮台眞司(1959년생)가 '가속주의加速主義'라는 개념을 소개해 눈길을 끌고 있다. "일본은 한 번 완전히 망가진 다음에 다시 시작해야 한다"는 주장이 일부 젊은이들 사이에 인기가 있는 것 같다.

하지만 이는 단순한 생각이다. 애초에 나라의 성장은 영원히 계속되는 것이 아니다. 어느 정도 풍요로워진 후에는 그 풍요를 어떻게 '유지'할지 고민해야 한다. 그리고 유지한다는 것은 낡은 것을 긍정적으로 언어화하는 것에 다름 아니다. 이것이 성숙한 나라의 모습이다.

이를 개인에게 적용하면 '나이 듦(늙음)'을 긍정하는 것이기도 하다. 리셋하고 싶다는 욕망을 달리 표현하자면 '다시 젊어지고 싶다'는 것이다. 일본인은 나이 먹는 것을 긍정적으로 표현하는 말을 갖고 있지 않다. 이로 인해 늙어가는 것에 대한 단순하고 폭력적인 담론이 횡행한다. '연명 치료는 그만 두어야 한다', '노인은 집단 자결해야 한다'는 등의 이야기가 반복해서 나오는 이유다.

세계적으로 인기를 누리는 서브컬처 분야를 봐도 주인공은 모두 젊은이다. 이런저런 좌절과 실패를 경험하고 고뇌하면서 살아가고자 하는 중년이나 노인이 묘사되는 일은 별로 없다.

그러나 인간은 모두 늙는다. 나이 드는 것은 피할 수 없으니 부정하려 해도 의미가 없다. 긍정적으로 다룰 수 있는 언어를 가져야 한다.

자, 나이 듦이란 무엇일까? 나이 든다는 것은 젊었을 때의 과오를 '정정'해가는 것이다. 서른 살, 마흔 살이 되면 스무 살 때와 생각이 달라지는 것은 당연하며, 쉰 살, 예순 살이 되면 또 달라진다. 같은 '나'를 유지하면서 예전의 과오를 조금씩 정정해간다. 이것이 나이 듦이다. 나이를 먹는다는 것은 변해가는 것이고, 정정해가는 것을 뜻한다.

일본에는 이 변화=정정을 싫어하는 문화가 있다. 정치인은 사과하지 않는다. 관료도 오류를 인정하지 않는다. 한 번 세운 계획은 변경하지 않는다. 일본어로 '틀리다誤る'와 '사과하다謝る'는 모두 '아야마루'로 발음이 똑같은데, 이 둘은 원래 어원이 같다. 지금 일본인은 틀렸음을 인정하지 않기 때문에 사과도 하지 않는 것이다.

인터넷상에서 특히 그렇다. 과거의 자기 의견과 조금이라도 다른 의견을 개진하면 '예전에 했던 발언과 모순된다'는 지적을 당해 집중포화를 받고 비판이 쇄도한다. 이런 일이 일상적으로 일어난다.

2020년대에 들어서 2채널 설립자인 니시무라 히로유키西村博之(1976년생)를 중심으로 한 '논파 붐'이 일어 그런 경향이 더욱 심해졌다.[1] 논파하려면 상대방이 한 말의 모순을 지적하면 된다. 과거에 했던 발언과 의견이 다르면 그것만으로 논쟁에서 패한다. 이런 판단 기준이 젊은 세대를 중심으로 널리 수용되고 있다. 이런 상황에서는 사과는커녕 논의를 통해 의견을 바꾸는 것도 힘들어진다.

정치적인 논의도 불가능해진다. 정치란 절대적인 정의를 관철하는 논파 게임이 아니다. 본디 정치는 우파와 좌파, 보수파와 리버럴[2]파가 서로의 입장을 존중하면서 논의해감으로써 서로의 의견을 조금씩 바꾸어가는 대화의 과정이다. 그

1 니시무라 히로유키는 한때 일본 최대의 익명 게시판이었던 2채널(2チャンネル)의 설립자이자, 일본에서 손꼽히는 인터넷 논객이다. 인터넷상에서 논쟁 상대의 모순 등을 지적하여 우위를 점하는 것을 '논파'라고 하는데, 니시무라의 별명이 '논파왕'이다.

2 이 책에서 일본어의 '리버럴(リベラル, liberal)'을 '혁신'으로 번역하고자 했으나, 앞서 번역 출간된 《정정 가능성의 철학》에 맞추어 '리버럴'로 통일했다. 참고로 '진보'도 번역어의 후보였으나 일본의 정치 지형은 한국과 많이 다르기 때문에 한국에서 일반적으로 쓰이는 '진보'는 일부러 배제했다.

런데 현재는 이 대화가 불가능하다.

특히 최근 들어 일부 좌파는 고집불통이다. 아무리 설명을 해도 그들은 의견을 바꾸지 않는다. 오히려 그런 고집이 '흔들림 없는 자세'라며 좋게 평가한다. 그래서 정권은 그들을 진상으로 여기고 진지하게 대화하지 않는다. 정권도 반정권도 서로 '상대방은 바뀌지 않는다'고 여기기 때문에 논의가 시작되지 않는 것이다. 항상 '우리는 반대한다'는 제스처를 어필하는 것에 그친다.

논의를 시작하려면 서로가 바뀔 준비가 되어 있어야 한다. 그런데 지금 일본에서는 이 전제가 무너졌다. 다들 '논의하자'고 말은 하지만 정작 본인이 바뀔 마음은 없고, 오히려 바뀌어서는 안 된다는 생각에 사로잡혀 있다.

이 상황을 근본적으로 바꿔야 한다. 이를 위해 가장 먼저 필요한 것이 틀렸음을 인정하고 고치는 '정정하는 힘'을 되찾는 것이다.

정정하는 힘은 '리셋'과 '흔들림 없음' 사이에서 균형을 잡는 힘이기도 하다.

2장에서 철학자 비트겐슈타인을 소개하면서 자세히 다룰 텐데, 인간의 소통에는 기묘한 면이 있다. 예를 들어 아이들이 놀고 있는 장면을 떠올려보자. 숨바꼭질을 했었는데 어느새 술래잡기를 하고 있다. 술래잡기를 하던 것이 어느새 다른 놀이로 바뀐다. 이런 식으로 논다.

이때 아이들 스스로는 다른 놀이를 하고 있다는 의식이 없을 것이다. 그냥 계속 놀고 있었던 것뿐이다. 이처럼 노는 동안에 규칙이 조금씩 추가되거나 규칙의 일부가 사라지는 일이 종종 있다. 어디서부터 어디까지가 '같은 놀이'이고 '다른 놀이'일까? 그런 것은 생각해봤자 의미가 없다.

이것은 사실 아이들의 놀이뿐 아니라 인간의 소통 일반에 해당하는 얘기다. 인간이 소통할 때도 규칙은 계속해서 변하고 있다.

이는 좁은 의미에서의 게임(스포츠)의 역사를 살펴봐도 알 수 있다. 축구도 야구도 처음 생겼을 때는 오늘날의 규칙과 사뭇 달랐다. 이후 많은 경기를 거듭하는 과정에서 관객의 즐거움이나 선수 역량 제고 등 여러 이유로 규칙이 '정정'되어 지금의 모습에 이르렀다. 게임이 계속되는 한 반드시 규칙은 바뀌어간다. 아니, 이렇게 말하는 편이 낫겠다. 게임이 계속된다는 것은 규칙이 계속해서 바뀐다는 것이다.

리셋도 '흔들리지 않음'도 유치한 발상이다. 지금의 일본은 이런 유치한 발상을 높이 평가한다. 하지만 성숙해져야 한다. 그리고 사회의 지속성을 고민할 때이다. 정정하는 힘은 성숙해가는 힘이기도 하다.

이 책은 내가 말한 것을 정리해 글로 다듬은 것이다. 그래서 여러 화제를 다루었다. 시사 문제를 다룰 때도 있고 내 전문 분야인 철학 얘기도 한다. 내가 경영하는 작은 회사 이야기도 나온다.

일본에서 '신서新書'[3]라고 하면 주제를 한정해 전문가가 유익한 지식을 응축해 전달한다는 이해가 지배적이다. 그런 점에서 이 책은 방향성이 달라 독자 중에는 놀라는 분이 있을지도 모르겠다.

하지만 나는 철학이란 '시사', '이론', '실존'의 세 요소를 겸비했을 때 비로소 매력적일 수 있다고 생각한다. 독자와 공유하는 사회문제에 대해 일정한 지침을 내놓고, 그 배후에 있는 독자적인 이론을 제시하며, 본인 스스로도 이에 걸맞은 삶을 살아가는, 이런 다면성을 갖는 것이 중요하다.

안타깝게도 이런 유형의 지식인이 많이 줄고 말았다. 지금은 전문가의 시대다. 이 책은 그런 시대적 상식에 저항해 고전적인 철학 스타일을 일깨우고자 한다. 이를 위해 잡다해 보이는 내용들을 일부러 남겨두었다. 정정하는 힘을 통해 하는 얘기는 학자가 먼 외국에서 가져온 새로운 '이론'이 아니다. 내가 이 나라에서 살아가면서 생각해온 것을 정리한 것이다.

앞서 언급한 세 요소에 빗대자면 이 책의 1장은 시사편, 2장은 이론편, 3장은 실존편이다. 마지막 4장은 응용편으로, 정정하는 힘을 이용해 일본의 사상과 문화를 비판적으로 계

3 신서는 서적 종류 중 하나로, 전문 지식을 대중이 알기 쉽게 풀어쓴 책을 일컬으며 주로 일본에서 많이 출간된다. 한국에서는 가로 103mm, 세로 182mm인 출판물의 판형을 신서판이라 부른다.

승하여 전후 일본[4]의 자화상을 어떻게 업데이트하면 될지 내 나름의 제안을 적었다. 아직 거친 부분이 많지만 철학적 논의를 탁상공론에 머무르지 않게 하기 위해 내놓은 글이다.

일본에는 정정하는 힘이 필요하다. 일본에도 예전에는 그 힘이 있었다. 오히려 정정을 잘하던 나라였다. 그런데 일본인은 이를 잊고 말았다. 이로 인해 여러 문제에 직면한 채 전진하지 못하고 있다. 고로, 지금 다시 정정하는 힘을 되살려내야 한다. 이 책은 이를 호소하고자 한다.

정정과 비슷한 말로 '수정'이 있지만 이 책에서는 채용하지 않았다. 수정이라는 말을 포함하는 개념으로 '역사수정주의historical revisionism'[5]라는 악명 높은 개념이 있어 이와 혼동되는 것을 피하고 싶었기 때문이다. 정정의 사상과 역사수정주의의 차이는 본문에서 설명할 예정이다.

4 '전후 일본'이란 '제2차 세계대전 이후의 일본'을 가리킨다. 현대 일본의 자기 정체성을 가장 추상적인 차원에서 아우르고 있는 개념이기도 하며, 이 책에서도 자주 쓰이는 말이다.

5 역사수정주의는 정설로 굳어진 역사 사실이 실제로 존재하지 않았다고 부정하거나 기존 통설을 수정해야 한다고 주장하는 역사학의 한 분야로, 예를 들어 일본군 '위안부'나 홀로코스트는 존재하지 않았다고 주장한다. 이들의 주장은 정치적 목적을 띠고 있어서 일부 나라에서는 형사상의 범죄로 취급하기도 한다.

옮긴이 서문 5

들어가며 10

1장 왜 '정정하는 힘'이 필요한가 23

유럽의 노련함 | '공기'는 정정할 수 있는가 | 《공기의 연구》라는 공기 | 공기 비판이 공기가 된다 | 일본에서는 탈구축만이 유효하다 | 정정하지 않는 이노세 나오키 | '정정하지 못하는 토양'을 바꾼다 | 헌법 개정을 둘러싼 '정정하지 않는 세력' | 보통 일본어로 독해 가능한 헌법을 | 비판을 받아들이는 힘 | '목소리를 내는 것'을 동조 압력으로 만들지 않는다 | 왜 리버럴파는 줄어들었는가 | 정정하는 힘이란 현실을 직시하는 힘 | 보수파도 바뀌어야 한다 | 진정한 쿨재팬 | 해외에서 사랑받은 로봇 애니메이션 | 서브컬처의 순수주의 | 나이 듦이란 정정해가는 것 | 정정하는 고집불통 아재 | '폴리티컬 코렉팅'이라고 해야 | 정정하는 힘은 기억하는 힘이기도 하다 | 논파력에 어떻게 대항할 것인가 | 동영상이 가능하게 만든 것 | 과학은 인간의 활동 중에서 예외적인 것 | 인간은 약하다 | 해시태그 운동은 왜 안이한가 | 정정하려면 '외부'가 필요 | 중요한 것은 메시지의 장황함 | 콘텐츠의 가치란 무엇인가 | 이 장의 정리

2장 '사실 …였다'의 역동성 73

우리는 일상적으로 정정하고 있다 | 시행착오의 가치 | 대화는 끝나지 않는다 | 신체적인 피드백 | 크립키의 '콰스' | 진상은 배제 불가 | 민주주의는 해킹에 대한 대처 | 테러는 용납하지 않는다 | 테러 대책과 정정의 철학은 양립한다 | 비트겐슈타인의 '언어게임' | 규칙이 어느새 바뀐다 | 당사자는 정체성을 만들 수 없다 | 고유명사의 불가사의함 | '사실 …였다'의 힘 | 정정은 인생의 전환점에서 필요하다 | 리버럴파는 새로운 역사를 논할 필요가 있다 | 전진하려면 옛것을 회복해야 한다 | 정정하는 힘은 문과적 힘 | Chat GPT는 정정을 못 한다? | 반증 가능성과 정정 가능성 | 매몰비용을 남긴다 | 특이점은 신비 사상이다 | 인간이 살아가는 법은 바뀌지 않는다 | 인간 사회의 본질은 AI로 바뀌지 않는다 | 어린이가 그린 그림의 가치 | '작가성'의 재발견 | 사람은 사람에게만 돈을 쓴다 | 겐론 카페의 '신들림' | 정정하는 경험을 판다 | 이 장의 정리

3장 친밀한 '공공권' 만들기 121

시사, 이론, 실존 | 정정하는 힘은 경영의 철학이다 | 사장 교체라는 '정정' | 토크 이벤트를 발견하다 | 고유명사가 되어라 | 잉여 정보를 만든다 | 교환 불가능한 존재가 된다 | '정정하는 사람들'을 모은다 | 신자가 모이는 것을 피한다 | 조직을 만든다 | 조직과 동원 | 루소의 연극 부정론 | '세르클'이 무너진다 | 폐쇄적/개방적이라는 대립은 무의미 | '귀염성'의 힘 | 교환 가능성과 정정 가능성 | 기술로 사람을 잇는 세계 | 사람은 서로를 이해할 수 없다 | 토크빌이 주목한 '떠들썩함' | 일본의 잠재적 가능성 | 축제가 사람과 사람을 잇는다 | 출판이 빛나던 시대 | 놀이를 일로 '정정'하기 | 이 장의 정리

4장 '소란스러운 나라' 되찾기 155

일본 사상의 비판적 계승 | 일본 철학의 딜레마 | 작위와 자연의 대립을 극복하기 | 다양성은 0 아니면 1이 아니다 | 일본의 독자적인 다양성이란 | 히라타 아쓰타네의 포스트모던성 | 나쓰메 소세키의 시도 | 보수 사상을 리버럴의 관점에서 다시 읽기 | 환상을 만드는 힘 | 기억과 평화의 상극 | 시바 료타로의 업적 | 과거와 현재를 잇는 힘 | 메이지유신은 역사의 정정이었다 | 상징 천황제야말로 역사적? | "옛날부터 민주주의가 있었다"고는 보기 어렵다 | 일본은 민주주의의 무서움에 직면한 적이 없다 | 너무도 추상적인 좌우 대립 | 가해의 기억이 사라졌다 | 평화주의를 '정정'해야 한다 | 군비 증강과 평화 외교는 모순되지 않는다 | 평화는 소란스러움이다 | 평화란 정치가 결여된 것 | 탈정치적인 나라, 일본 | 모든 것이 정치화되고 말았다 | 자연을 작위한다 | 일본에서 인기 있는 루소 | 자연과 사회 어느 쪽을 택할 것인가? | 루소는 정정하는 사람이었다 | 극단적 주장이 공존하는 나라 | 이 장의 정리

나오며 204

1장 왜 '정정하는 힘'이 필요한가

유럽의 노련함

정정한다는 것은 일관성을 가지면서 변해가는 것이다. 어려운 얘기가 아니다. 우리는 이와 같은 정정하는 힘을 일상적으로 쓰고 있으니까.

유럽 사람들은 이를 잘 활용한다. 그들을 살펴보면 정정하는 힘의 강력함에 혀를 내두르게 된다. 코로나19가 유행했던 때를 떠올려보자. 영국은 대담한 '정정'을 보여주었다. 시끌벅적하게 도시 봉쇄를 하는가 싶더니, 사태가 어느 정도 진정되자 너도나도 마스크를 벗었다. 마치 '우리는 처음부터 코로나는 별 것 아니라는 걸 알고 있었다'는 것처럼. '그렇지 않았던 것 같은데'라는 생각이 들지만, 그들은 마치 그게 당연하다는 듯이 행동한다.

일본인 시점에서는 능글맞아 보일지도 모르겠다. 스포츠에서도 종종 규칙 변경이 문제가 되곤 한다. 그런데도 유럽 사람들은 아무렇지도 않게 규칙을 바꾼다. 정치도 마찬가지다. 예를 들면 기후변동이 그렇다. 얼마 전까지 독일은 '탈원전', '이산화탄소 배출량 절감'을 힘차게 외쳤다. 그런데 우크라이나에서 전쟁이 발발해 러시아로부터 천연가스 수입이 중단되자 '역시 원전도 석탄 화력발전도 필요하다'라고 주장한다.

지금까지 관광업으로 많은 돈을 벌어들인 프랑스도 최근에는 오버투어리즘을 우려해 '현지 커뮤니티와 환경보호를 위해 관광객 수를 억제한다'는 새 방침을 내놓았다. 화려한 방향 전환이다.

단, 여기에서 중요한 것은 이 과정에서 그들은 자신들의 행동과 방침에 일관성을 부여하기 위해 일정한 논리성을 보완한다는 점이다. 이는 어떻게 보면 눈속임이지만, 이처럼 '눈속임을 가미하여 지속성을 갖추면서 정정해가는 것'이 유럽적 지성의 존재 방식이다.

유럽의 강인함은 이 정정하는 힘의 강인함에 있다. 이는 매우 보수적이면서 동시에 개혁적인 힘이기도 하다. 규칙을 자주 변경해 꾸준히 자신들에게 유리한 상황을 만들어낸다. 그러면서도 전통을 지킨다는 포즈도 취한다. 이것이 유럽의 능글맞음이자 현명함이고, 노련함이다.

일본에도 정정하는 힘이 없지는 않다.

예전부터 종종 지적받아온 것처럼 대륙의 변경에 자리한 일본은 바다를 건너온 문물에 쉽게 매료된다. 중국의 문물을 접하면 중국 문화를 받아들이고, 구미와 만나게 되자 이번에는 구미 문화를 받아들인다. 언뜻 줏대가 없는 것처럼 보이지만, 실은 핵심적인 부분은 전혀 바뀌지 않는다.

예를 들면 이름이 그렇다. 한반도와 베트남에서는 중국 문명을 받아들일 때 이름도 중국풍으로 바꾸었다. 한편, 일본은 여전히 옛날 이름을 유지하고 있다.

과거제도도 받아들이지 않았다. 일본어를 로마자로 표기하는 운동도 실패했다. 무엇보다 천황제가 유지되고 있다. 일본은 신념이 없어 모든 것을 외국에 맞추는 것처럼 보이지만, 매우 고집스럽게 쭉 일관성을 고수해온 나라이기도 하다. 즉, 개혁에 열려 있는 것처럼 보이지만 극히 보수적인 나라이기도 하다.

일본도 나름대로 노력했다는 것이다. 다만, 지금 일본인은 조상들의 그런 힘을 잊어버려 활용하지 못하고 있는 실정이다.

'공기'는 정정할 수 있는가

어떻게 하면 정정하는 힘을 되찾을 수 있을까?

가까운 예를 들어 생각해보자. 현대 일본에서 개혁의 장애물이 된 것은 항상 '공기', 즉 사회의 무의식적인 규칙이다.[1]

이 공기는 모든 이가 타인의 시선에 신경을 쓸 뿐만 아니라 그 타인도 다른 타인의 시선에 신경을 쓰는 메타적 구조

1 '공기'는 일본에서 집단 내의 암묵적인 분위기를 가리키는 말이다. 작게는 세 명 이상 모인 자리에서의 언어화되지 않은 지배적 분위기, 크게는 사회 전체의 암묵적인 분위기를 뜻한다.

를 갖고 있기 때문에 다루기 매우 까다롭다. 예를 들어 코로나19 유행 국면이 끝났음에도 쉽게 마스크를 벗지 못하는 것이 화제가 됐다. 이는 단순히 주변 사람들로부터 '마스크를 써라' 하는 압력을 받아, 무섭기 때문에 쓰는 것과는 상황이 다르다.

어쩌면 주변 사람들도 속으로는 마스크를 벗고 싶은 것인지도 모른다. 하지만 '다른 사람이 어떻게 생각하고 있는지 모르니까 일단은 계속 마스크를 쓰자'라고 생각하는 한, 자기만 마스크를 벗을 수는 없다. 실제로는 모두가 마스크를 벗고 싶거나 의미가 없다고 생각하더라도 상호 감시가 존재하기 때문에 모든 사람이 사회의 무의식적인 규칙에 따른다. 이것이 공기의 문제다.

그 결과 아무리 시간이 지나도 누구도 마스크를 벗지 못한다. 그런데 한번 일부 사람들이 마스크를 벗기 시작하자 이번에는 반대로 꽃가루 알레르기 등 마스크를 필요로 하는 사람까지도 마스크를 벗어야 할 것 같은 기분이 들게 한다. 이 변화의 계기가 무엇인지 우리는 알 수 없고, 또 이를 컨트롤하지도 못한다.

이러한 까다로운 구조를 지닌 규범의식을 어떻게 하면 '정정'할 수 있을까?

《공기의 연구》라는 공기

공기와 관련하여 평론가 야마모토 시치헤이山本七平(1921~

1991)가 쓴 《공기의 연구'空気'の研究》[2]가 코로나19 유행기에 다시 주목받았다. 1977년에 간행된 이 책은 예전부터 일본인은 공기의 지배를 받았다는 맥락으로 원용되곤 했다.

하지만 이 책을 직접 읽어보면 공기라는 말은 오늘날처럼 상호 감시라는 뜻으로 쓰이지 않았다. 이 책의 핵심은 '임재감적臨在感的 파악'[3]이라고 불리는 현상이다. 일반화된 학문적 용어로 표현하자면 일종의 페티시즘fetishism[4]이다. 일본인은 애니미즘, 페티시즘적 사고방식이 강해, 예를 들어 한번 '코로나가 나쁘다'는 인식이 퍼지면 이를 주물呪物처럼 여기게 되고 논리적인 논의가 이루어지지 않는다.

야마모토 시치헤이를 원용하는 논의는 많지만, 직접 살펴보면 야마모토는 그런 얘기를 하지 않았다. 이번에 이 사실을 확인하고 뒤통수를 얻어맞은 느낌이었다. 희화화해서 표현하자면 《공기의 연구》의 내용조차도 공기가 정해버린다.

첨언하자면 《공기의 연구》는 현시점에서 읽으면 문제의

2 한국어판은 《공기의 연구: 일본을 조종하는 보이지 않는 힘에 대하여》(박용민 옮김, 헤이북스, 2018)로 번역 출간되었다.

3 '임재감적 파악'은 《공기의 연구》의 저자가 제시한 개념어로, 특정 대상에 대한 감정이입이 너무 강해 그 대상을 절대화해버리는 상태를 가리킨다. 즉, 대상을 그 자체로 이해하는 것이 아니라 대상에 그 이상의 무언가가 깃들어 있다고 여긴다.

4 페티시즘은 일종의 물신 숭배로, 어떠한 물건에 초자연적인 힘이 깃들어 있다고 믿고 이를 숭배하는 행위를 일컫는다. 깃털이나 나뭇조각, 돌조각에 영험한 힘이 있다고 믿는 원시 종교의 공통된 현상 중 하나다.

소지가 있는 책이기도 하다. 출간 당시 일본에서는 이타이이타이병, 자동차 공해 등이 사회문제로 새롭게 나타났는데 야마모토는 이에 회의적이었다. 질소산화물의 유해/무해 여부는 모르는 것이고, 카드뮴의 유해/무해 여부도 알 수 없다고 적혀 있다.

당시 '카드뮴은 무해하다'고 주장하며 실제로 카드뮴 봉을 핥은 학자가 있었다는데, 이 화제를 책에서 다루고 있다. 《공기의 연구》는 고전이기는 하나 조심해서 읽어야 한다.

공기 비판이 공기가 된다

그렇다고 야마모토의 주장이 참고가 되지 않는 것은 아니다. 그는 '물'에 대해 흥미로운 얘기를 한다. 고조된 분위기에 '찬물을 끼얹는다'고 할 때의 그 '물'이다. 일본에서는 '공기에 찬물을 끼얹는구나'라고 느끼면 얼마 되지 않아 '찬물을 끼얹는 것 자체가 공기가 된다'. 따라서 항상 공기와 물이 순환한다. — 야마모토는 이런 논의로 책을 마무리한다.

이는 당시의 좌익에 대한 비판이다. '과거에는 군국주의적 공기가 있었다. 좌익은 전후 시대 이에 찬물을 끼얹었는데, 잠시 후 이번에는 그 물이 새로운 공기가 되어 좌익이 언론言論[5]을 지배하게 되었다'는 취지다.

5　일본에서 '언론'은 대중매체를 가리킨다기보다 '언어와 문장으로 주장을 펼치는 것' 전반을 가리키는 개념으로 쓰인다.

《공기의 연구》는 반세기 전에 나온 책이지만 이는 지금도 통용되는 지적이다. 미디어에서 각광받는 지식인이 현실에서는 전혀 힘을 발휘하지 못하는 지금의 상황은 아마도 이 공기와 물의 역설과 관련되어 있다.

공기에 저항해야 한다. 규칙을 바꾸어야 한다. 그렇게 주장하는 사람은 많다. 하지만 일본에서 이런 주장(물)은 그대로 받아들여지지 않고 곧바로 '그런 주장을 하는 사람이 나타났다'는 새로운 공기의 문제로 인식되고 만다. 즉, '"규칙을 바꾸어야 한다"는 주장을 해서 새로운 규칙으로 게임을 하는 사람'으로 받아들여지고 만다.

그러면 이어서 이 새로운 문제제기를 아무 생각 없이 추종하는 사람이 나타난다. 아무리 찬물을 끼얹으려 해도 그것이 곧바로 새로운 공기가 되고 마는 구조가 있는 것이다. 쉽게 말해 권력 비판을 하는 사람이 도리어 공기(분위기)를 더 읽게 되는 구조가 있다.

일본에서는 탈구축만이 유효하다

이 지적은 중요하다. 공기는 '공기 비판'도 바로 공기로 바꾸고 만다. 일본 사회를 답답하고 막막하게 느끼게 되는 원인은 여기에 있다.

따라서 이런 공기=게임을 바꾸려면 그저 공기로부터 탈출하는 것이 아니라, 같은 공기=게임 속에 있으면서 조금씩 다른 행동을 함으로써 어느새 공기=게임 자체의 모양을 바꾸는 다면적인 전략이 필요하다.

달리 말하자면 이렇다. 공기가 지배하고 물조차도 바로 공기가 되는 일본에서는 좋든 싫든 '어느새 변하는' 방식만이 통한다. 명시적으로 '바꾸자'고 해봤자 그 물이 새로운 공기가 되고 말기 때문이다. 따라서 이 '어느새'를 어떻게 연출할 것인지가 관건이 된다. 이에 대한 답이 이 책의 주제인 '정정하는 힘'인 것이다.

즉, 공기가 지배하는 나라이기에 어느새 그 공기가 바뀌어 있는 상황을 만들어가는 것이 중요하다. 사실 이는 일본만의 이야기가 아니다. 이 상황 인식은 자크 데리다라는 프랑스 철학자가 내놓은 '탈구축'이라는 사고방식과 닮았다.

데리다는 표면적으로는 극히 난해한 철학서를 쓴 철학자다. 그래서 일반적으로 이런 맥락에서 언급되는 일은 없다.

하지만 그는 전통적이고 보수적인 규칙에 따르는 것처럼 보이는데, 이를 철저히 추구함으로써 오히려 유럽 철학의 구조를 근본적으로 바꾸는 시도를 했고, 그 점을 높게 평가받은 사람이다. 철학의 구조를 '어느새' 바꾸어버리는 시도를 철학적 방법으로 제시한 데리다적 혹은 '탈구축'적 수법은 일본에서도 실천적으로 유효하다고 생각한다.

아니, 일본에서는 탈구축만이 유효하다고 하는 것이 옳을지도 모른다. 정면에서 기존의 규칙을 비판해도 힘을 발휘하지 못한다. 규칙을 정정하면서도 그 새로움을 앞세우는 것이 아니라, '그것이 아니라 이것이 원래 진짜 규칙이었다'라고 주장하여 현재 상황에 대처함과 동시에 과거와의 일관성도 유지하는 것, 이와 같은 양면 전략이 꼭 필요하다.

정정하지 않는 이노세 나오키

그런데 현재의 일본인은 이 정정하는 힘을 잃었다. 도쿄 올림픽[6]을 둘러싼 혼란을 떠올려보자.

도쿄에서 올림픽을 개최할 때 여름의 폭염이 문제시되었다. 도쿄도東京都[7] 지사 시절 올림픽을 유치해 많은 비판을 받은 작가 이노세 나오키猪瀨直樹(1946년생)는 올림픽 개최 전에 나와 대담했을 때 "도쿄의 여름은 올림픽을 개최하기에 적절하다"고 주장한 적이 있다.

아무리 생각해도 적절하지 않은 기후라고 생각하지만, 그럼에도 그는 "다른 나라도 조건은 같다"며 주장을 굽히지 않았다. 올림픽 관련 경비도 점점 늘어 이 또한 문제가 되었는데, 이노세는 이에 대해 트위터(현재 X)에서 끝까지 "컴팩트 올림픽을 목표로 했었다"고 주장했다. 정정하는 힘의 상실을 이처럼 알기 쉽게 보여주는 예도 없을 것이다.

이노세가 쓴 명저로 《쇼와 16년 여름의 패전昭和16年夏の敗

6 도쿄에서는 1964년 하계 올림픽과 2020년 하계 올림픽이 치러졌다. 특히 2020년 하계 올림픽은 코로나19 팬데믹으로 인해 1년 연기되어 2021년 7월에 열렸다.

7 '도쿄도'는 도쿄의 정식 명칭이다. 예를 들어 서울의 정식 명칭이 '서울특별시'인 것처럼 행정 단위로서의 도쿄의 정식 명칭이다.

戰》이 있다. 태평양전쟁을 시작하기 전에 일본 정부는 '총력전 연구소'라는 싱크탱크에 엘리트 관료를 모아 미국과 전쟁했을 때의 귀추를 비밀리에 시뮬레이션했다. 결과는 일본 필패였다. 그런데도 일본은 전쟁에 돌입하고 말았다. — 이것이 그 책의 취지다. 이 역사와 도쿄올림픽 강행은 부분적으로 겹친다.

이노세는 후퇴를 '방향 전환', 전멸을 '옥쇄'로 바꾸어 말해 눈속임하는 일본 조직의 체질을 잘 알고 있었을 터이다. 그런데도 왜 정정하지 못했을까? 아마도 이노세가 시민을 신뢰하지 못하게 됐기 때문이 아닐까? 이노세도 도쿄의 여름이 덥다는 것은 알고 있었다. 경비가 예상보다 많이 들게 되는 것도 알고 있었다. 다만, 이를 조금이라도 인정하면 비판 세력으로부터 무슨 말을 듣게 될지 모른다. 지금 일본에서는 일정 정도 영향력을 가진 위치에 있는 사람이라면 위기관리상 정정하지 않는 방침을 고수할 수밖에 없다.

이는 정치인만의 얘기가 아니다. 기시다 후미오岸田文雄(1957년생) 총리[8]는 '듣는 힘'을 표방하고 있으나 전혀 그 힘을 발휘하고 있는 것처럼 보이지 않는다. 하지만 이는 기시다 총리에게만 해당하는 것이 아니다. 지금 일본인은 전체적으로

8 기시다 후미오는 일본의 제100대, 제101대 총리를 역임했다. 재임 기간은 2021년 10월 4일부터 2024년 10월 1일까지로, 이 책이 일본에서 출간된 2023년에는 총리였다.

그 힘을 잃었다.

'듣는 힘'은 상대방 말을 듣고 자기 의견을 바꾸는 힘, 즉 '정정하는 힘'이기도 할 터이다. 그러나 정정하지 못하기 때문에 들을 수도 없다.

관료형 답변[9]이 만연하는 이유도 여기에 있다. 관료만 잘못한 것이 아니라 일본 사회 전체에 듣는 힘, 의견을 바꾸는 힘이 없는 것이다. "처음에 한 말은 틀렸었습니다"라는 말을 하고 싶어도 하지 못한다. 그런 말을 했다간 가차 없이 공격당하고 자신들이 만든 계획은 쓰레기통에 처박히게 될 것이기에 모두가 서로를 경계한다.

'정정하지 못하는 토양'을 바꾼다

3장에서도 논하겠지만, 나는 최근 10년 정도 토크 이벤트 공간을 경영하며 그곳에서 '듣는 이' 역할을 쭉 맡고 있다.

거기에서도 같은 느낌을 받은 경우가 있다. 토크 이벤트 등단자 중에서도 미리 준비해온 화제 외에는 얘기하지 않으려는 사람이 있다. 내가 사회자로서 추가 설명을 요청하거나 관객에게 질문을 받거나 해도 본인이 예상해둔 질문이 아니면 얼버무리거나 답변하지 않는다.

9 '관료형 답변'이란 일본 국회 등에서 관료가 답변할 때 구사하는 말투를 가리키며, 말꼬투리를 잡히지 않기 위해 빙빙 돌려서 말하거나 확답하지 않고 애매모호한 표현을 쓰는 등의 특징이 있다.

이래서는 일부러 토크 이벤트에 등단한 의미가 없을 터인데, 그럼에도 '보이지 않는 공격'을 매우 두려워한다. 따라서 이 경계심을 푸는 데 많은 힘을 쏟는다.

즉, 지금 일본에는 정정하지 못하는 토양이 있다. 그래서 모두가 정정하는 힘을 발휘하지 못한다. 이를 바꿔야 한다.

이는 민주주의와도 관련이 있다. 민주주의의 기본은 논의다(4장에서 민주주의에 대한 다른 입장을 얘기할 것이기에, 여기서는 자세한 설명을 생략하겠다). 논의가 성립하려면 상대방이 의견을 바꿀 가능성을 서로 인정해야 한다. 누구의 의견도 바뀌지 않는 논의는 아무런 의미가 없다.

정정할 수 있는 토양을 만드는 것이 매우 중요하다. "사람의 의견은 바뀌기 마련이다. 우리의 의견도 바뀌고 당신들도 의견이 바뀐다"라는 인식을 모두가 공유해야 한다. 이는 교육과도 관련이 있다. 초등학교 때부터 의논하는 시간을 만들어 "어쩌면 당신 의견이 맞을지도" 하고 깨달아 자기 의견을 바꾸거나 다른 사람이 의견을 바꾸는 것도 인정하는 경험을 쌓아야 한다. 이는 '논파'를 목적으로 한 논쟁과 언뜻 닮았지만 근본적으로 다르다.

도쿄올림픽 예산은 당초 7,000억 엔(약 6조 3억 원) 정도였다. 이것이 두 배 가까이로 치솟았다. 이에 대해 "예상한 것보다 두 배 많이 들었습니다. 대단히 죄송합니다만, 중간에 원자재 비용 급등 등 여러 문제가 발생해 이렇게 됐습니다"라고 솔직하게 설명을 할 수 있는 환경을 만들어야 한다. 시민 입장에서는 납득이 안 가는 부분도 있으리라. 하지만 설명 자체가 없는 것보다는 낫다. "그런 이유가 있었던 거구나" 하고 일단 설명을 받아들이고 경청하는 태도가 필요하다.

그러나 이를 위한 신뢰 관계가 형성되어 있지 않다. 고로, 정치인도 관계자도 약점을 감추고 정정하지 못한다. 설명도 할 수 없다. 조직위원회를 이어받은 청산법인은 2023년 3월에 흐지부지한 상태에서 소멸하고 말았다.

헌법 개정을 둘러싼 '정정하지 않는 세력'[10]

지금까지 권력자들의 문제를 다루었는데, '정정하지 않는 세력'은 권력 비판 측에도 있다. 소위 좌파 리버럴 세력이다. 그들은 하여튼 '절대 반대'를 외치고, '변치 않'으며, '흔들리지 않는다'.

일본공산당은 예전에 '흔들림 없는 정당'을 선전문구로 내세웠다. 하지만 냉정하게 생각했을 때 흔들리지 않으면 안 되는 것 아닐까? 세상은 계속 바뀌고 있으니 유연하게 대처하지 않으면 문제가 생긴다.

헌법 문제가 그 전형이다. 헌법의 정신을 지키고 싶다면 현실의 변화에 맞추어 조문을 수정해야 한다.[11]

10 일본의 헌법 개정 문제는 한국 입장에서 보았을 때 과거의 동아시아 식민지 지배와 제국주의 체제에 대한 반성이 퇴색되는 문제이나, 아즈마는 일본에 실재하는 자위대의 법적 지위를 어떻게 다룰지 여부로 바라본다.

11 대한민국 헌법은 해방 후 아홉 번 개정했지만, 현행 일본 헌법은 1946년

현행 헌법 제9조에 대해서는 "자위대는 군사력인가 아닌가"라는 신학적 논의가 일본 국민의 관심과는 동떨어진 곳에서 계속되고 있다. 전문가는 이 논의가 중요하다지만 나는 오히려 헌법의 가치를 가장 훼손하고 있는 것처럼 느껴진다.

입헌주의란 국민이 헌법을 통해 국가권력을 제어하는 것이다. 이를 위해서는 국민이 헌법을 이해할 수 있어야 한다.

그런데 지금 호헌파의 주장에 따르면 일본 헌법은 일반적인 독해력으로 헌법을 읽어 사회에 적용하면 안 된다는 말이 된다. 상식적으로 생각하면 자위대는 전력戰力(전투 능력을 갖춘 힘)이다. 제9조의 전력 포기 규정과 배치된다면 자위대를 해산하거나 헌법을 바꾸거나 둘 중 하나의 길을 걷는 것이 자연스럽다. 이것이 이상하다면 일반 국민은 헌법을 논할 수 없게 된다.

아이러니하게도 제9조에 관해서는 오히려 정부가 정정하는 힘을 발휘하고 있다. 해석 개헌[12]으로 집단적 자위권을 인정해, 이대로라면 북한 기지에 미사일을 쏘는 것도 가능해

에 공포한 이후 한 번도 개정한 적이 없다. 일본에서 헌법 개정 문제는 주로 제9조(무력 포기 조항)의 개정 찬반을 둘러싼 문제로 귀결되며, 따라서 호헌파는 일본은 계속해서 제9조를 유지해야 한다는 입장이고, 개정파는 제9조를 수정해야 한다는 입장이다. 한편, 제9조와는 무관하게 지금 시대에 맞게 헌법 조항을 일부 개정할 필요가 있다는 취지의 개정파도 있다.

12 '해석 개헌'이란 헌법의 문구는 그대로 두고 그에 대한 해석만 바꾸어 운용하는 것을 뜻한다.

진다. 이것이 위험하다면 리버럴도 정정하는 힘을 발휘해 조문 자체를 바꿈으로써 할 수 있는 것과 할 수 없는 것을 명확히 규정하는 편이 낫다.

그런데 현재의 좌파는 그런 주장을 하지 못한다. "조문을 바꾸어도 같은 헌법 정신을 지킬 수 있다"는 사회에 대한 신뢰가 없기 때문이다. 호헌파 사람들은 조문을 한 글자라도 바꾸면 우파가 나라를 집어삼켜 일본이 다른 나라가 되고 만다고 여긴다. 이러한 신경질적인 순수주의가 사태를 교착 상태에 빠뜨렸다.

보통 일본어로 독해 가능한 헌법을

제9조만 해당하는 얘기가 아니다. 제24조도 비슷한 문제를 안고 있다. 혼인을 "오로지 양성兩性의 합의에 의거해 성립"한다고 규정한 조문이다.

동성혼을 인정하려면 '양성'을 '두 사람' 등으로 개정해야 한다. 이것이 일반적인 일본어 감각이다. 그런데 호헌파는 "양성이라는 말은 남성과 남성, 여성과 여성도 의미할 수 있으므로 동성혼은 현행 헌법으로도 인정할 수 있다"고 주장한다.

정말 그럴까? 예를 들어 자동차의 양륜兩輪이라고 했을 때 오른쪽 바퀴 두 개를 의미한다는 해석은 일상생활에서 있을 수 없다. 헌법 개정은 하고 싶지 않지만 동성혼은 인정하고 싶다는 염원이 결과적으로 헌법을 '독해 불가능한 것'으로 만들고 말았다. 물론, 헌법 개정은 큰 문제이므로 일시적인 전략으로 그런 해석을 내놓는 것은 이해할 수 있다. 하지만 그렇다 하더라도 개정을 최종 목적으로 삼아야 한다.

기시다 총리는 2023년 2월 동성혼을 인정하면 "사회가 바뀌고 만다"라는 발언을 해 비난을 받았다. 이에 대해 동성혼 지지자가 "동성혼을 인정해도 아무것도 바뀌지 않는다"고 발언한 적이 있다.

하지만 이 반론은 납득하기 어렵다. 분명히 총리의 "바뀌고 만다"라는 표현에는 부정적인 뉘앙스가 담겨 있다. 이를 비판하는 것은 당연하지만 "바뀌는 것" 자체는 좋은 일 아닐까?

일본인은 적극적으로 "바뀌는 쪽"을 골라야 한다. 현행 헌법을 제정할 때는 지금과 같은 국제 정세도 동성혼도 염두에 두지 못했었다. 그렇다면 헌법 정신을 지키면서 새로운 상황에 맞게 고치는 것이 진정한 의미에서의 민주주의이고 입헌주의가 아닐까?

비판을 받아들이는 힘

정정하는 힘은 현재 상황을 유지하면서 바꾸어가는 힘이다. 따라서 최근에 회자되는 "목소리를 내는 것"과 비슷한 면이 있다. 하지만 다른 점도 있다.

소수파라는 것은 지금 일반적으로 받아들여지는 가치관에 위화감을 느낀다는 것을 의미한다. 따라서 "아니다"라고 목소리를 낸다. 이에 대해 다수파는 당연히 "왜 그런 말을 하는 거냐?" 하고 응한다. 이는 피할 수 없는 반응이다.

즉, 목소리를 내면 필연적으로 반발을 부른다. 오히려 반발이 없다면 의미가 없다. 그런데 최근에는 "목소리를 내면 주변에서 이상한 시선을 받는다. 그것 자체가 압력이니 '이상하다'는 말을 하지 말아달라"는 요구를 하게 됐다.

이래서는 논의가 제대로 이루어지지 않는다. 목소리를 낸다는 것은 규칙에 대해 이의를 제기한다는 것이다. 이 이의 제기가 성공해 세상이 바뀔지 여부는 결과가 나왔을 때만 알 수 있다.

이의 제기란 그런 의미에서 도박과 같다. 그렇기 때문에 가치가 있다. 처음부터 "목소리를 내도 환영받는 환경을 만들어달라"는 것은 어불성설인 것이다.

이 역설은 앞서 말한 '물'이 곧바로 '공기'가 되고 마는 얘기와 연관된다. 현재의 공기에 찬물을 끼얹고 싶지만, 이 행동이 공기로 환영받았으면 한다. — 이래서는 의미 있는 이의 제기가 될 수 없다. 일본 시민운동의 약점은 여기에 있는 것 같다.

정정하는 힘은 이와 같은 '사전 승인'은 요구하지 않는다. 단지 "이 규칙은 문제가 있으니 바꾸어야 한다. 아니, 원래는 이렇게 해석할 수 있었던 것이다"라고 행동을 보이고 그 후에 사후 승인을 요구한다. 이것이 정정하는 행위다. 따라서 이는 어떤 의미에서는 규칙 위반이다.

하지만 이 위반이 매우 중요하다. 위반함으로써 규칙의 약점, 불완전한 부분이 가시화되는 경우가 있기 때문이다.

물론, 규칙을 위반하기 때문에 "규칙을 위반했다"는 비난을 받게 된다. 모두가 찬동하지도 않을 것이며 문제 제기가 실패하면 범죄로 취급될 수도 있다. 하지만 이를 통해 규칙이 바뀔지도 모른다. 정정하는 힘은 이런 위험을 감수하고 행동하는 것이기도 하다.

달리 말해, 정정하는 힘은 "나는 이 길을 간다", "나는 이 규칙을 이렇게 해석한다"라고 결단하는 힘이기도 하다. 그리고 비판을 받아들이는 힘이기도 하다.

'목소리를 내는 것'을 동조 압력으로 만들지 않는다

안타깝게도 지금 일본에는 이 같은 결단을 할 수 있는 사람이 별로 없다. 트위터를 보면 사회에 위화감을 표명하는 사람이 많은 것은 사실이다.

하지만 대부분의 사람들이 눈치를 보며 "위화감을 표명해도 괜찮지?" 하고 서로 보장받고 싶어 한다. 괜찮다는 보장을 받는다면, 그것은 진정한 위화감의 표명일 수 없다. 이런 환경이 더욱더 정정하는 힘을 앗아간다.

최근의 자니즈 소동을 보면서도 이런 일그러짐을 느꼈다. 2023년 3월 해외 방송국이 자니즈 사무소 창업자인 자니 기타가와ジャニー喜多川(1931~2019)에 대한 다큐멘터리 프로그램을 방영했다. 자니 기타가와에 의한 사무소 소속 탤런트의 성폭행을 고발하는 내용으로, 그 후 일본 국내에서도 조금씩 분위기가 바뀌어 자니즈 사무소에 대한 비판이 주류가 되었다.

매우 좋은 일이긴 하나, 이렇게 되자 역으로 자니즈를 비판하지 않는 관계자를 조리돌림하는 풍조가 나타났다. 과연 옳은 일일까? 자니 기타가와의 행위는 범죄이며 사무소의 대처도 비판받아 마땅하다. 다른 한편, 자니의 행동은 연예계에 널리 알려진 사실이었다고 한다. 즉, 예전에는 침묵하는 것이 규칙이었고 모두 이에 따르고 있었다는 말이다. 그런데 지금은 규탄하는 것이 새 규칙이 되었고, 모두 이에 따라 규탄하기 시작했다. 공기의 지배라는 점에서 아무것도 바뀌지 않았다.

다양성의 긍정은 알력의 긍정이기도 하다. 다양한 사람들이 목소리를 내면 당연히 알력도 생긴다. 그 과정에서 정정하는 힘도 나오는 것이다.

모두가 목소리를 내는 것은 좋은 일이지만, 그것이 누구에게나 박수를 받고 환영받는다면 오히려 정정하는 힘이 기능하지 않는다. 정말 중요한 것은 자기와 다른 의견을 가진 인간을 바로 이해하고 받아들이려고 하는 것이 아니라, 이해하지 못한 채로 '방치'하는 일종의 거리감이다. 이런 점에서 일본 사회는 마치 초등학교 교실처럼 유치한 공간이 되고 말았다.

왜 리버럴파는 줄어들었는가

다른 예를 들어보자. 2013년 초 아베 장기 정권이 탄생한 국회의원 선거 직후에 역사사회학자 오구마 에이지小熊英二(1961년생)와 대화한 적이 있다. 그때 그는 "이번 결과에 실망하지 않는다"고 말해 놀랐다.

오구마는 리버럴파를 대표하는 논객이다. 민주당 정권의 패배에 충격을 받은 줄 알았는데 그렇지 않았다. 냉정함의 표출이라고 여기는 사람도 있을 것이다. 그러나 나는 아니었다. 오히려 정정하는 힘이 기능하지 못함을 나타내는 것이라고 느꼈다. 물론, "단순한 패배라고 여기지 않음으로써 리버럴이 바뀌어간다"는 이야기라면 이해할 수 있다. 오구마는 그런 취지로 말한 것일지도 모른다.

하지만 현실에서 그런 변화는 일어나지 않았다. 오히려 최근 10년간 리버럴파는 "우리는 실제로는 이기고 있다"는 식의 얘기만 계속 해왔다. 기권표가 모두 야당에 들어오면 이길 수 있었다, 야권 연대가 실현됐다면 야당이 이길 수 있었다, 이런 식이다. 결과적으로 가면 갈수록 유권자가 이탈했다. 지금 리버럴파에 필요한 것은 패배를 패배로 인정하고 시대가 요구하는 방침 전환을 이루는 힘이 아닐까?

이렇게 말하면 "패배한 선거를 이겼다고 여기는 것도 정정하는 힘의 작용이 아닌가"라는 반론할지도 모르겠다. 이는 잘못된 이해다. 정정하는 힘을 현실에서 도피하는 데 사용해서는 안 된다. 현실을 '재해석'하기 위해 써야 한다.

정정하는 힘이란 현실을 직시하는 힘

현실 도피와 '재해석'의 차이는 중요하다. 이 차이를 무시하면 정정하는 힘과 역사수정주의의 차이가 애매모호해지고 만다. 정정하는 힘은 결코 자기에게 유리한 현실만 보는 힘이 아니다. 오히려 현실을 직시하는 힘이다.

이 차이는 이 책을 읽으면 점차 알게 될 터인데, 여기서 잠깐 언급하겠다. 나는 평소에 "무엇이든 지속해가는 것이 중요하다"라고 말하곤 한다. 이 '지속해가는 힘'과 '정정하는 힘'은 같은 것이다. 이유는 단순한데, 무엇이든 정정하지 않으면 지속되지 않기 때문이다. 흔들리지 않는 것에만 고집하면 언젠간 무너지고 만다.

〈들어가며〉에서 언급한 바와 같이 나는 최근 10년간 작은 회사를 경영하고 있다. 처음에는 출판사로 창업했는데 사업 내용은 이래저래 변해갔다. 3장에서 자세히 다루겠지만, 하여튼 시행착오의 연속이었다.

단, 사업의 재미있는 점은 이것을 하면 실패, 저것을 하면 성공 — 이런 결과들이 눈에 보이는 이윤으로 되돌아온다는 것이다. 즉, 외부로부터의 피드백이 있다. 이것이 '현실이 있다'는 의미다. 따라서 현실에 대처하면서도 같은 이상을 견지한다고 '재해석'함으로써 계속 앞으로 전진할 수 있다.

그런데 좌파에게는 이런 피드백이 없다. 흔들리지 않는다는 자세 자체가 목적이 되어 선거 결과에 눈을 감는다. 일본공산당은 흔들리지 않기 때문에 지지를 받는다는 의견도 있다. 그러나 실제로는 일본공산당도 《신문 적기しんぶん赤旗》[13] 의 판매 부수는 떨어지고, 당원 수도 줄고 있다. 장기적으로

13 《신문 적기》는 일본공산당 기관지로, 일본공산당의 재정적 근간 중 하나다.

는 바뀔 수밖에 없다. 그런데도 피드백이 기능하지 않는다.

일본공산당의 정정하는 힘의 결여는 최근에 있었던 제명 사건을 봐도 명백하다. 고참 당원이자 언론인인 마쓰타케 노부유키松竹伸幸(1955년생)가 2023년 초 《신·일본공산당 선언シン·日本共産党宣言》이라는 책에서 당수党首의 당원투표제 도입을 호소했다.[14] 그랬더니 바로 제명되고 말았다. 당의 강령조차 '정정'하지 못한다.

앞서 소개한 오구마의 발언은 10년 전의 것이지만 지금까지 이어지고 있는 '정정하는 힘의 결여'를 상징하는 것이라고 생각한다.

보수파도 바뀌어야 한다

리버럴파 비판을 계속했는데 보수파도 정정하는 힘이 결여되어 있다. 일본인이 조국을 소중히 여기는 것은 좋은 일이다. 하지만 핵심이 되는 '일본적인 것'의 실체가 100년 전, 50년 전과 지금은 많이 바뀌었다. 이 변화를 너무도 무시하고 있는 것은 아닐까?

예를 들어 이민, 난민, 외국인 노동자 문제가 그렇다. 2021년 3월, 나고야 출입국재류관리국에 수용됐던 스리랑카

14 일본에서는 정당의 가장 높은 직위인 당 대표를 '당수'라 부른다. 일본공산당의 경우 별도의 당수를 두지 않고 '일본공산당 중앙위원회 간부회'에서 선출한 '간부회 위원장'이 당수를 겸해왔는데, 마쓰타케는 일본공산당의 당수 선출에 당원투표제를 도입하자는 주장을 했다가 제명당했다.

여성 위스마 산다말리가 몸 상태가 나쁘다고 호소했지만 적절한 치료를 받지 못해 사망한 가슴 아픈 사건이 있었다. 명백한 인권 침해임에도 보수파는 너무도 냉담했으며, 말도 안 되는 비난까지 했다.

출입국재류관리국은 비판을 받아들이고 개혁해야 한다. 이 외에도 일본은 '기능실습생'이라는 명목으로 30년 동안 아시아 출신 외국인 노동자를 저임금으로 착취해왔다. 이제야 제도를 재검토하기 시작했지만, 이런 문제에 대해 보수파는 '일본을 지켜라' 하는 주장을 펼 뿐이다. 이는 생각하기를 그만두는 것이다.

일본 사회는 외국인 노동자가 없으면 돌아가지 않는 것이 현실이다. 도쿄에 살다보면 외국인이 담당하는 영역이 내가 학생이었던 30년 전과는 전혀 달라졌음을 실감할 수 있다. 아무리 오래 일본에 살면서 세금을 납부해도 국적이 외국이라는 이유로 주민자치 참여를 막는 것이 과연 정당할까? 이것이 '일본식'이라는 주장이 얼마나 통할까?

외국인을 받아들이면 일본 고유의 문화가 사라진다는 반발이 있을지도 모른다. 하지만 애초에 '일본이란 무엇인가'라는 감각 자체가 시대에 따라 바뀐다. 이를 전제로 삼아 보수파도 바뀌어야 한다.

예를 들면 지금 일본은 '모에萌え'와 '이차원'[15]의 나라로

15 '모에'는 만화나 애니메이션의 등장인물에 대한 강한 애정을, '이차원'은

자리 잡았다. 하지만 반세기 전만 해도 이 같은 애니메이션 캐릭터는 많지 않았다. 내가 학생이었을 때도 '미소녀 그림'을 거리에서 보기 힘들었다. 지금은 이것이야말로 일본적인 풍경의 특징으로 자리 잡아 애니메이션과 게임은 에도 시대(1603~1868)부터 이어지는 일본 문화의 계승자처럼 보인다.

이런 변화는 나쁜 것이 아니다. 오히려 이것이 '정정하는 힘'의 효과라 할 수 있다. 일본인은 애니메이션과 게임이 넘쳐나는 현재에서 과거로 거슬러 올라가 소위 일본 문화를 재발견했다. 그리고 그것이 바른 모습이다.

전통을 계승할 때 이 같은 정정하는 능력이 중요하다. 많은 점에서 달라지지만 핵심에서 유지되는 면이 있으면 되는 것이다. 이처럼 유연성을 발휘하는 것이 결과적으로 일본이라는 정체성을 더 강고하게 만들어준다.

진정한 쿨재팬

애니메이션과 게임 업계에서는 이미 외국인이 많이 활약하고 있다.

일본에서 인기를 누리는 콘텐츠 중에서도 실은 외국에서 만들어진 것이 많다. 지금 유행하고 있는 스마트폰 게임 '원신原神'은 캐릭터 디자인이 일본 것과 매우 유사해 중국에서조차 일본에서 만든 것으로 오해하는 일이 벌어졌다. 실제

만화나 애니메이션을 가리키는 일본어다.

로는 중국 제작회사에서 만든 것이다.

그리 알려지지 않은 사례를 다루자면, 2022년 11월에 오사카역 안에 게시된 여성 캐릭터 포스터가 성적으로 노골적이라고 야당 정치인이 트위터에 투고해 논란을 불러일으킨 일이 있었다. 이때 비판 대상이 된 것은 '잔타마雀魂'라는 마작 게임 광고였다.

포스터 게시의 시시비비를 논하는 것은 복잡하므로 생략하지만, 이때 흥미로웠던 것은 "일본의 마니아가 또 여성을 멸시한다"는 취지로 비판하는 사람이 있었다는 사실이다. 그렇지만 실제로 '잔타마'는 중국 게임이다. 페미니스트가 '전형적인 일본 마니아 취향'이라고 여기는 표현도 이제는 일본만의 것이 아니다.

일본은 외국의 상상력을 많이 흡수했고, 반대로 일본적 감성도 외국에 급격히 퍼지고 있다. '쿨재팬Cool Japan'[16]이라는 말은 이제 죽은말에 가깝지만, 이 같은 현상을 모두 받아들였을 때 비로소 진정한 쿨재팬이라 할 수 있을 것이다.

해외에서 사랑받은 로봇 애니메이션

〈초전자머신 볼테스V超電磁マシーン ボルテスV〉라는 애니메이션을 아는 독자가 있을까? 1977년부터 1978년까지 방영된

16 쿨재팬은 일본의 독자적인 문화·상품·서비스 등이 해외에서 큰 인기를 얻는 현상을 일컬으며, 일본 정부의 대외 문화 홍보와 수출 정책 용어로도 쓰인다.

작품으로 나도 어릴 적에 봤었다.

어린이용 애니메이션이지만 스토리가 상당히 복잡하다. 도깨비와 비슷한 모습의 외계인이 최첨단 기술을 가지고 지구에 온다. 그들이 사는 별에서는 뿔이 있으면 귀족이고, 뿔이 없으면 평민이다. 지구인은 뿔이 없어 지배당하는 계층이기 때문에 불만을 가진 외계인들과 함께 지배 체제에 반기를 든다.

최근 알게 된 사실인데, 이 작품이 필리핀에서 인기 있다고 한다. 필리핀에서는 마르코스 대통령에 의한 독재가 오랫동안 계속되었는데, 독재 체제 전복이 이 애니메이션과 겹쳐져 국민적인 인기를 누렸다는 것이다. 그런 연유로 2023년 5월부터는 공중파에서 실사 드라마가 방영되기도 했다.

예고편만 봤는데 꽤 완성도가 높다. 필리핀인은 일본인보다 얼굴이 입체적이다. 이 특징이 애니메이션의 세계관과 잘 어울린다. 최신 기술을 구사해 로봇의 전투 장면을 구현했는데 이것도 박력 있다.

일본의 어린이용 애니메이션이 반세기 후에 주목받아 외국에서 전혀 다른 맥락에서 어른용으로 리메이크된 사례로, 매우 흥미로운 현상이다. 사우디아라비아에는 〈UFO로보 그랜다이저UFOロボ グレンダイザー〉[17]의 거대한 금속상이 세워졌

17 〈UFO로보 그랜다이저〉는 1975년부터 1977년까지 일본에서 방영된 애니메이션으로, 〈마징가Z〉와 〈그레이트 마징가〉의 후속편으로 제작되었다. 일

다. 〈UFO로보 그랜다이저〉는 〈초전자머신 볼테스V〉와 거의 같은 시기에 방영된 로봇 애니메이션이다.

사우디아라비아에서 열린 큰 행사 공간 일각에 '재팬 애니메이션 타운'이라는 일본 문화 구역이 있어 그곳에 세워졌다고 한다. 사진을 검색하면 깜짝 놀랄 것이다. 시부야나 아사쿠사를 연상케 하는 거리 분위기가 재현되어 있어 한자와 히라가나 간판이 여기저기에 있다. 그 안에 높이 30m가 넘는 로봇이 서 있다. 마치 메타버스에 재현된 일본처럼 보인다.

이런 현상을 보수파가 어떻게 받아들일지가 앞으로 중요해질 것이라고 생각한다. 이를 단순히 '일본의 문화를 외국에서 받아들였다'고 여긴다면 도량이 좁다. 이제는 일본적인 감성 자체가 해외로부터의 영향에 의해 '정정'되어가고 있다. 즉, 일본 자체가 바뀌어가고 있는 것으로, 이 변화도 포함해 새로운 일본이라 받아들였으면 한다.

서브컬처의 순수주의

일본의 영상 문화에는 일종의 순수주의가 존재한다고 느낄 때가 있다. 때 묻지 않은, 순진무구한 스토리를 너무 좋아한다. 애니메이션의 주인공은 소년·소녀가 많고, 과거의 실

본에서는 앞선 두 작품에 비해 인기가 없었지만, 해외에서는 더 큰 인기를 누렸다. 한국에서는 〈그랜다이저〉라는 제목으로 1979년 12월부터 1980년 7월까지 동양방송에서 방영했다.

패를 받아들이면서 고뇌하는 중년을 그리는 경우는 별로 없다. 신카이 마코토新海誠(1973년생)가 전형적이다. 그는 나와 같은 세대인데, 히트작의 주인공은 10대다.

그런 면에서 할리우드는 중년을 잘 그려낸다. 마블 시네마틱 유니버스(MCU)는 페이즈 3까지 주인공이 온통 중년 남성이었다. 페이즈 4부터 젠더 균형이 개선되었는데, 연령은 여전히 높다. 어린이용 작품인데도 어른이 주인공이다. 그리고 대체로 스토리를 통해 마음의 상처를 치유해간다.

이 경향은 1990년대에 시작되었다. 당시 〈아마겟돈〉이나 〈딥 임팩트〉 같은 재해 영화가 인기였는데 대체로 주인공은 가정이 붕괴한 상태다. 그리고 큰 위기에 직면해 가족 관계를 회복하게 된다. 이 패턴은 일본에서도 효과가 있을 것 같지만 애니메이션에서 이혼 문제를 안고 있는 중년이 주인공으로 나오는 경우는 거의 없다. 순수한 소년·소녀 이야기밖에 그리지 못하는 현상은 '정정하는 힘'이 약해진 실정과 관계가 있다고 본다.

3장에서도 다루겠지만, 지금의 일본인은 사람이 자기 의견이나 인생을 정정하는 것을 싫어한다. 그래서 한 번 특정한 역할을 맡으면 그 역할 이외의 다른 일은 하기 힘들어진다. 다른 가능성이 분명 있는데도 첫인상이 주는 편견 때문에 주목받지 못한다.

나이 듦이란 정정해가는 것

최근 고노이 리나五ノ井里奈(1999년생)라는 전 자위대 대원이 자위대 시절에 겪은 성폭력을 고발한 사건이 있었다. 그녀는 한 인터뷰에서 "피해자로서가 아니라 한 사람의 인간으로 살고 싶다"고 말했다. 거꾸로 생각하면 좀처럼 주위에서 그렇게 봐주지 않는다는 것이다. 이런 풍토는 사람의 삶을 고단하게 한다.

이는 미디어의 태도와도 관련이 있다. 미디어는 걸핏하면 사람에게 특정한 이미지를 씌운다. 이 사람은 국제정치학자, 저 사람은 사회학자, 그 사람은 코로나19 전문가 등으로 분류해 그 역할만을 맡게 한다.

뮤지션이 정치적인 발언을 하면 '음악을 정치에 엮지 마라' 하며 비판하는 것도 마찬가지다. 아이돌의 연애를 금지하는 것도 같은 이치다. 이는 세계적으로 보아도 매우 비정상적이다. 그런데도 일본에서는 큰 지지를 받는다.

학자는 전문 분야에 대해서만 말해라. 뮤지션은 음악만 해라. 아이돌은 아이돌만 해라. 그러나 현실의 인간은 순수함 속에서만 살아갈 수 없다. 무엇보다 나이를 먹다보면 누구든 변해간다. '정정'해간다. 순수함을 포기하고, 변화를 긍정하는 것이 중요하다.

그런 의미에서 정정하는 힘은 '나이 듦의 힘'이기도 하다. 또 '재출발하는 힘'이기도 하다. 나이 든 주인공이 이런저런 좌절을 겪으면서 점점 변해가는 스토리. 변하지만 여전히 같은 인간이다. 완전히 리셋해 '다른 사람'이 되는 것은 아니다. 이런 작품이 더 많이 나와도 되지 않을까? 이는 고령화 사회에 걸맞게 변한다는 측면에서도 중요하다.

정정하는 고집불통 아재

박물학자 아라마타 히로시荒俣宏(1947년생)에게 후쿠자와 유키치福澤諭吉(1835~1901)에 대해 질문한 적이 있다.[18] 아라마타가 후쿠자와를 '고집불통 아재'이면서도 '태도를 명확히 하지 않고', '때때로 재검토하는' 인물이라고 평한 것이 인상적이었다.

'후쿠자와' 하면 '독립자존'과 '오기'[19]를 표방한, 일관성을 중시한 사람이라는 인상이 강하다. 그런데 꼭 그런 면만 있는 것은 아니었다. 메이지유신[20]에 참여한 것처럼 보이지만 도막파도 좌막파도 아니었다. 보신戊辰전쟁[21] 시 우에노에서 전

18 후쿠자와 유키치는 근대 일본의 계몽사상가이며 교육자로, 영어를 일본어로 번역하는 일도 많이 했다. 한국인에게 친숙한 단어를 예로 들자면 'copyright'를 '판권(版權)'이라고 번역한 것이 후쿠자와다.

19 원서에는 'やせ我慢'이라 되어 있는데, 이를 '오기'로 번역했다. 이 일본어를 풀어 설명하자면 '불리한 상황임에도 무리해서 버티는' 것을 말한다.

20 메이지유신은 일본이 자력으로 근대화하는 기점이 된 변혁 운동이다. 19세기 당시의 지배 체제인 막부(바쿠후) 정권의 타도를 목표로 삼은 세력이 도막파(막부 타도파)였고, 막부 정권의 내부 개혁을 통한 근대화를 주장한 세력이 좌막파(막부 보좌파)였다. 결과적으로 도막파가 승리해 메이지유신이 성공한다.

21 무진년(戊辰年)인 1868년 시작돼 1년간 지속된 일본의 내전. 메이지유신으로 세워진 신정부와 막부 세력이 맞붙은 이 전쟁은 신정부의 승리로 끝난다.

투가 벌어지고 있을 때 게이오대학(후쿠자와가 세운 사립학교)에서 서양 서적을 강독하고 있었다. 이처럼 정치와 거리를 두고 애매모호한 입장을 견지했다.

아라마타에 따르면, 후쿠자와는 만년에 "게이오대학은 망해도 된다"는 말을 내뱉어 주위 사람들이 당황했다고 한다. 그는 독자적인 수신修身 교과서를 만들고, 교사를 일본 전국에 파견했는데, 이는 게이오대학의 선진적 시도와는 딴판이다.

후쿠자와는 간린마루咸臨丸[22]에 탔다 죽은 사람의 성묘도 다녀오곤 했다고 한다. 서양 학문을 열심히 수입했었는데, 마지막에는 일본적인 도덕으로 돌아갔다. 게다가 그 내용은 "화목한 가족을 꾸리고 여성을 소중히 하라"는 지극히 평범한 것이었다.

이 '고집불통 아재이면서도 재검토한다'는 특징은 다름 아닌 '정정하는 힘'을 발휘한 삶이 아닐까 한다. 후쿠자와 유키치에게는 초기의 《학문의 권장學問のすすめ》도 만년의 '수신'으로의 회귀도 모두 일관된 것이었을 터이다.[23] 이 일관성이

22 간린마루는 메이지유신으로 성립한 신정부와 끝까지 대립한 에도 막부파의 함선으로, 해전에서 패해 승선했던 좌막파의 상당수가 죽었으며, 이들은 역적으로 간주됐다.

23 《학문의 권장》은 근대적 계몽주의를 주창하며 유교적이고 봉건적이던 기존 일본을 비판한 책인 반면, '수신'은 유교의 가르침인 '수신제가 치국평천하'의 '수신'이므로 근대/봉건, 계몽/유교와 같은 이분법적 관점에서 보면 후쿠

언뜻 이해가 안 되기 때문에 오해를 산다. 이와 같은 후쿠자와의 인물상이 더 주목을 받았으면 한다. 메이지 시대의 위인들은 정도의 차이는 있겠지만 '정정하는 고집불통 아재'들이 아니었을까?

'폴리티컬 코렉팅'이라고 해야

여기까지 읽은 독자 중에는 정정하는 힘은 결국 '뭐든 갖다 붙이면 되는 것', '결과만 좋으면 되는 것'이라고 느낀 분도 있을지 모르겠다. 하지만 그렇지 않다. '올바름'이라는 개념도 본디 정정해가는 것이다.

폴리티컬 코렉트니스Political Correctness(PC)라는 말을 요즘 자주 듣는다. '정치적 올바름'이라는 뜻으로, 성性을 배려해 국회의원의 비율을 바꾸자거나 배리어프리(무장애)를 고려해 건물 설계를 바꾸자는 등의 움직임을 가리킨다.

이 자체는 좋은 일이나 폴리티컬 코렉트니스라는 말은 종종 사회적 공격의 도구로 쓰이기도 한다. 이 사람은 옳지 못한 발언을 했으니 모두 함께 비판하자, 또는 일을 못하게 하자는 식이다. 이런 움직임은 '캔슬 컬처Cancel Culture'라고 불

자와의 주장에 일관성이 없는 것처럼 보인다. 하지만 아즈마는 이처럼 알기 쉬운 이분법적 관점이 아닌 차원에서 후쿠자와에게는 일관성이 있었을 것으로 추측한다. 예를 들면《학문의 권장》은 주변에 휘둘리지 않고 자기 자신을 갈고닦아 독립된 개인으로 살아갈 것을 중시하는데, 이는 유교의 '수신'과 상통하는 면이 있다.

리곤 한다.

최근에 있었던 유명한 예는 도쿄올림픽 개회식이다. 뮤지션 오야마다 게이고小山田圭吾(1969년생)는 개회식 음악을 담당할 예정이었으나 학생 시절의 이지메(집단 따돌림)를 언급한 1990년대 중반의 잡지 기사가 인터넷에 확산되었다. 이것이 올림픽 이념에 반한다 하여 문제시되었고, 개최 직전에 자리에서 물러났다.

나는 이 캔슬 자체를 부정할 생각은 없다. 오야마다가 잡지에서 한 발언은 문제가 많았다. 다만, 앞에서 다룬 자니즈 문제와도 연관되는데, 그런 비판이 '공기'가 되어서는 안 된다고 생각한다. '저 사람은 옳지 않으니까 그를 비난하는 것이 정의다'라는 식으로, 생각하기를 그만두어서는 안 된다.

무엇보다 요즘 사람들은 '올바름'을 너무 정적이고 고정된 것으로 여긴다. 폴리티컬 코렉트니스에서 correctness는 동사 correct의 명사형인데, 이는 오히려 동사적으로 파악해야 할 용어라 생각한다. 코렉트는 '교열하다', '틀린 것을 바로잡다' 등을 의미하는 동사로, 다름 아닌 이 책의 주제 '정정'을 뜻한다.

즉, 폴리티컬 코렉트니스의 '코렉트'는 고정된 올바름이 처음부터 있는 것이 아니라 올바른 방향을 향해 항상 '정정해가자'는 움직임이라고 생각한다. 그런 의미에서 (영어의 어감을 정확히는 모르겠으나) 폴리티컬 코렉트니스라는 명사형으로 쓰기보다는 오히려 폴리티컬 코렉팅political correcting(정치적 정정 행위)과 같이 동명사로 쓰는 게 좋을지도 모른다.

정정하는 힘은 기억하는 힘이기도 하다

폴리티컬 코렉트니스는 '과거에는 올바르다고 여겼던 것이 지금은 올바르지 않으니 정정하자'는 반성 행위다.

지금의 이 올바름도 5년 후에는 올바르지 않은 것이 될 수 있고, 반대로 지금 올바르지 않은 것이 장래에는 올바른 것이 될지도 모른다. 이처럼 거리를 두고 생각하는 것이 중요하다. 현재의 가치관을 절대시해 과거의 발언이나 복잡한 맥락 속에서 이루어졌던 행위를 재단하는 행위는 폴리티컬 코렉트니스 정신에 반한다.

누군가가 내거는 올바름에 편승해 답에 도달했다고 안심하며 특정 대상을 비난하는 것은 오히려 본래의 올바름과는 정반대되는 태도인 것이다.

그런 점에서 오야마다 소동은 씁쓸한 뒷맛이 남았다. 소동을 거치며 '정정'해야 했던 것은 일본 사회 집단 따돌림에 대한 둔감함, 음악 저널리즘의 폐쇄성 등 여러 가지가 있었을 터였다. 하지만 오야마다를 내쫓은 것으로 모두 만족하고 잊어버렸다. 지금은 누구도 화제로 삼지 않는다.

그런 점에서 보면 정정하는 힘은 '기억하는 힘'이라고 할 수 있다. 정정하려면 과거를 제대로 기억해야 한다. 정의를 내세워 큰 소동을 일으킨 다음 잊어버리는 것은 '정정'과는 반대되는 행위다.

'정정'과 유사한 개념으로 '수정revision'이라는 말이 있는데, 〈들어가며〉에서 논한 것처럼 이 책에서는 '수정'이라는 개념은 채용하지 않았다. 왜냐하면 '역사수정주의'라는 부적절한 용어가 있기 때문이다. 이 용어는 현재 "아우슈비츠에 가스실은 없었다", "일본군 '위안부'는 존재하지 않았다"와 같은, 주로 보수파에 의한 역사 날조를 가리키는 말로 쓰인다. 이 맥락에서의 '수정'은 현실에 눈을 감고 기억을 외면하는 행위다.

정정하는 힘은 역사수정주의와는 다르다. 이 책은 결코 과거를 자기 입맛에 맞게 수정하자고 주장하는 것이 아니다. 정정하는 힘은 과거를 기억하는 힘이고, 정정하기 위해 사죄하는 힘이다. 역사수정주의는 과거를 망각하기 때문에 정정도 하지 않고, 사죄도 하지 않는다. 이 차이는 확실하게 의식했으면 한다.

논파력에 어떻게 대항할 것인가

여기까지 정정하는 힘이란 듣는 힘이고 지속하는 힘이며, 나이 듦의 힘이고 기억하는 힘이라는 얘기를 해왔다. 지금 일본은 이와 같은 힘을 발휘하기 힘들다. 사회 전체에 대한 신뢰가 낮아져 모두가 안이한 '올바름'에 기대고 있기 때문이다.

이 상황을 상징하는 것이 '논파력'이라는 말이다. 논파하는 힘은 정정하는 힘의 대극에 있다. '논파력' 하면 2채널 설립자 히로유키가 그 대명사다. 그는 일본에서 가장 영향력 있는 논객 중 한 사람으로, 상대방의 모순을 꼬집는 능력이 탁월해 언론에서 '논파왕'이라 불리곤 한다.

논파붐으로 인해 어떤 논의도 '승패'를 가르는 것이 일반화되고 말았다. 모두 결코 사과하지 않게 되고, 의견을 양보해 타협하는 것도 불가능해지고 만다. 이는 SNS에서 2010년대 후반부터 현저히 나타난 현상인데, 코로나19 유행기에 히로유키가 활약하면서 인터넷 이외의 공간으로 순식간에 퍼졌다.

논파력이 기준이 되는 세상에서 정정하는 힘은 패배한다. 정정한 순간, 상대방은 논파했다고 우쭐댈 것이기 때문이다. 어떻게 해야 할까?

히로유키 본인이 한 말에 힌트가 있다. 그는 베스트셀러가 된 《논파력》에서 토론할 때 반드시 심판을 두라고 주장한다. 승패를 판단하는 관객이 없으면 논쟁은 성립하지 않는다는 것이다.

나는 히로유키만큼 관객이 많지는 않지만, 비슷한 생각을 갖고 있다. 단, 내가 말하는 관객은 승패를 판단하기보다는 논하는 주제와는 별 상관이 없는 감상을 갖고 마는 '멋대로인 관객'이다.

예를 들어 '이 사람의 주장은 설득력이 부족해. 논의에서 지고 있네'라는 판단을 하면서도 '하지만 나쁜 사람은 아니네. 얘기를 계속 듣고 싶은데?' 하는 생각을 가진 관객이다. 이런 관객이 많으면 정정하는 힘이 기능할 수 있다. 말하는 사람이 의견을 정정하거나 패배를 인정해도 '그와는 별개로' 정말 하고 싶었던 말을 이해해줄 수 있기 때문이다.

트위터 같은 SNS는 정보가 너무 적기 때문에 이와 같은 가치전도가 일어나기 힘들다. 하지만 동영상에서는 가치전도가 일어나곤 한다. 히로유키가 인기를 누리는 것도 그가 단순히 논리력이 있어서가 아니라 그의 말투가 개성적이고 매력적이기 때문이라고 본다. 인간은 그런 면에 마음이 동하는 법이다. 언어만을 추려내 "이 사람이 저 사람을 논파했어" 하고 떠들어봤자 대화의 본질을 파악할 수 없다.

동영상이 가능하게 만든 것

어떤 말투로, 어떤 표정으로 말하는가? 이런 부가정보를 동영상을 통해 손쉽게 몇만 명이나 되는 사람들에게 전달할 수 있게 된 것은 정보 기술의 발전 덕분이다.

TV는 옛날부터 있었다. 그러나 TV는 어디까지나 연출된 공간이다. 〈아침까지 TV 생방송!〉[24] 같은 예외적인 프로그램도 있긴 하나, 대부분의 토론 프로그램은 어느 정도 정해진 대본에 따라 논의를 진행한다.

보도 프로그램이나 토론 프로그램의 경우 인간성까지

24 〈아침까지 TV 생방송!〉은 TV 아사히 계열에서 방송하는 대본 없는 토론 프로그램이다. 아즈마 히로키는 이 프로그램에 패널로 등장해 기본소득 도입 등을 주장한 것이 계기가 되어 대중적으로 유명해졌다. 자세하게는 《느슨하게 철학하기》(북노마드, 2021) 276~285쪽 참조.

는 전달하지 않는다. 반대로 버라이어티쇼는 인간성을 전달할 수 있을지도 모르나 토론은 성립하지 않는다. 내용이 있는 논의를 하면서 인간성도 전달할 수 있는 긴 동영상을 누구나 값싸게 방송할 수 있게 된 것은 언론의 존재 양태를 바꾸는 혁명이라 하겠다.

정정하는 힘은 신체와 깊은 관련이 있다. 애초에 "지금 한 말은 그런 뜻이 아니고"와 같은 대화 중의 정정이 왜 받아들여지는 것일까? 일상적으로 누구나 하는 행위이지만, 생각해보면 이는 놀라운 일이다. 정정은 글자만으로는 실현하기 힘들다. 왜냐하면 글자만으로 "조금 전에 한 말은 그런 뜻이 아니라"라는 식의 자기부정을 반복하면 그냥 지리멸렬한 문장일 뿐이기 때문이다.

그렇지만 일상생활에서 우리는 이런 정정을 아무렇지도 않게 하곤 한다. 이것이 가능한 이유는 우리가 사람과 얘기할 때 실은 같은 말을 동일한 뜻으로 계속 사용한다기보다는 상대방 표정과 반응을 보면서 순간순간 뜻을 바꾸어 쓰기 때문이다. 그리고 이 전제를 서로가 공유하고 있다.

따라서 "전후 흐름 속에서 이 말을 골랐지만 그것은 조금 전에 딱 맞는 말이 떠오르지 않아서 그런 것이고, 사실 이렇게 말하는 것이 맞다"는 식으로 정정할 수 있다. 말 외부에 대한 신뢰가 있기에 말을 정정할 수 있는 것이다.

2장에서 설명하는 바와 같이 이를 철학적으로 이론화하면 비트겐슈타인의 언어게임이나 바흐찐의 다성성(폴리포니

polyphony)[25]과 관련이 있다. 하지만 그런 이론을 모르더라도 대화가 '그런 것임'은 누구나 알고 있다. 대화할 때는 말을 하는 도중에 '음…, 조금 전에 한 말이 잘 전달이 안 된 것 같다'고 생각해 "조금 전에 한 말은 그런 뜻이 아니라"고 바로 말을 덧붙일 수 있다. 이것이 살아 있는 대화다.

글자만으로 형성된 공간에서는 이를 실현할 수 없다. 적어도 극히 어렵다. 그래서 SNS는 본질적으로 대화하는 수단으로 적합하지 않다. 정정하는 힘과도 맞지 않다. 그런 의미에서 동영상이 탄생한 것은 큰 의미를 갖는다. 일본의 경직된 언론 공간을 타파하는 데 동영상은 좋은 수단이 될 것이다.

과학은 인간의 활동 중에서 예외적인 것

물론, 동영상이 널리 퍼지면 감정적인 동원에 휘말리기 쉽다는 부정적 측면도 잊어서는 안 된다.

인간은 동물이다. 멋진 소리, 귀여운 몸짓 등과 같은 매력에 매우 약하다. 이를 부정해봤자 아무 소용이 없다. 인간이 하는 소통의 근간에는 이와 같은 '생리적 호오好惡 판단'이 있다. 논리, 증명 등은 그 위에 비로소 형성되는 요소에 불과

25 '다성성'은 원래 음악 용어로, 바흐찐은 이를 문학 이론에 도입했다. 다양한 목소리가 하나로 수렴되지 않고 긴장 관계를 형성하며 공존하는 양상을 가리키는 개념으로, 바흐찐은 도스토옙스키의 소설에 특히 다성성이 잘 드러난다고 주장한다. 바흐찐의 다성성에 대해 아즈마는 《정정 가능성의 철학》 9장에서 자세히 논하고 있다.

하다.

이런 판단은 비과학적이라고 느끼겠지만, 원래 인간의 활동 전체에서 과학적 소통이 갖는 비중은 매우 적다.

과학자의 말은 수도승의 말과 같다. 인간의 말에서 정서적인 면을 모두 지우고 실증과 논리만으로 가치를 정하려 한다. 과학은 이런 약속에 동의했을 때 비로소 성립한다. 애초에 '비인간적'인 것이다. 인간 전체가 과학자처럼 소통하는 것은 불가능하며, 과학자도 연구와 업무 외의 영역에서는 일반적인 인간과 다르지 않다.

여기서 문제가 되는 것이 정치다. 정치는 과학이 아니다. 매우 인간적인 소통이다. 그리고 민주주의에서는 투표가 중요하다. 그렇다면 동물로서의 인간에게 호소하는 것이 효과적이다. 정책의 옳고 그름 이전에 '생리적 호오'를 얼마나 이용할 수 있는지가 중요한 것이다. 더 적나라하게 말하자면 유권자는 미남미녀에 약하다. 이를 어떻게 이용할 것인가로 귀결되고 만다.

인간은 약하다

2023년 4월 효고현兵庫県 아시야芦屋 시장 선거에서 26세의 청년 다카시마 료스케髙島崚輔(1997년생)가 당선되어 큰 주목을 받았다.

일부에 보도된 것처럼 다카시마는 의도적으로 외모를 잘 연출했다. 그는 유명한 선거 기획자의 조언을 받아들여 앞머리를 좌우로 갈라 이마가 많이 보이게 함으로써 성숙한 이미지를 연출했다고 한다. 안경을 벗어 인상을 크게 바꾸었다. 이 전략이 적중한 셈이다.

일본만의 얘기가 아니다. 그다음 달인 5월에 태국에서 이루어진 총선거에서는 전진당이라는 혁신파 야당이 약진했다. 당 대표가 어떤 사람인가 보았더니 매력적인 젊은 남성이었다. 홍콩의 민주화운동(우산혁명) 때 주역으로 활약한 여학생도 외모가 출중했다. 일본에서는 아이돌처럼 소비하는 움직임까지 있었을 정도다. 동영상의 시대는 이와 같은 외모지상주의가 힘을 얻는 시대이기도 하다.

이런 시대에 어떻게 대처해야 할까? 인간은 별것 아닌 정보에 약하다는 사실을 항상 의식하는 것이 중요하다고 본다. 인간이 외모에 약하다는 사실은 변치 않는다. 할 수 있는 것이라곤 '인간은 외모에 잘 속으니 조심하자'는 메시지를 제대로 가르치는 것이다. 초등학교나 중학교에서 가르치는 것도 좋겠다.

인간은 약한 동물이다. 감정에 휩쓸려 판단을 그르친다. 증거를 여럿 제시해 이성적으로 토론하면 '올바른' 결론에 도달할 수 있다는 건 환상에 불과하다. 인간은 믿고 싶은 것을 믿는다. 동영상과 SNS의 시대에는 이 경향이 더욱 거세질 것이다. 포스트트루스post-truth(탈진실)와 음모론이 퍼지는 것은 이 때문이다.

따라서 정정하는 힘이 필요하다. 인간은 약하다. 오류를 범하는 존재다. 할 수 있는 것이 있다면 그 오류를 정정하는 것뿐이다. "저 사람은 외모만 그럴듯했어. 속았어" 하고 반성하는 것이 중요한 것으로, 이때 제대로 정정하지 못하면 점점 포스트트루스의 늪에 빠지게 된다.

해시태그 운동은 왜 안이한가

앞서 나는 트위터보다 동영상이 낫다고 했다. 트위터의 특징은 투고할 수 있는 글자수가 적다는 점이다. 이는 정보 공유 측면에서는 유리하다. 그러나 정정하는 힘을 저해하고 만다.

트위터가 등장한 초기에는 이 공유하는 힘에 큰 가능성이 있다며 기대를 모았다. 리버럴파 저널리스트 쓰다 다이스케津田大介(1973년생)는 2012년에 간행한 《동원의 혁명動員の革命》에서 SNS의 가능성을 열정적으로 논한 바 있다. 그 이상은 현재의 해시태그 운동에 계승되었다.

하지만 트위터를 통한 정보 공유는 글자수가 적기 때문에 복잡한 정보를 전달하지 못하는 약점이 있다. 그냥 서로의 기분을 공유할 뿐이다. 그로 인해 혐오 발언(헤이트 스피치hate speech)이나 음모론을 퍼뜨리는 데도 쓰인다.

그래서 2010년대 말이 되자 일본에서는 우파의 혐오 발언에 이끌려 좌파의 투고도 점점 저급하고 폭력적인 양상을 보이게 됐다. 트위터를 중심으로 한 인터넷 담론 공간에는 이제 비난과 욕설이 난무한다. 서명 활동, 크라우드펀딩은 여전히 남아 있지만 예전과 같은 존재감은 없다. 많은 수가 모여도 이제는 그 숫자에 별 의미가 없음을 모두 깨닫고 말았다.

이런 결과에 이른 것은 트위터상의 정치운동에는 정정하는 힘이 깃들기 어려워서라고 생각한다. 예를 들어 서명 활동을 생각해보자. 예전에는 사람이 길거리에서 직접 서명을 모았다. 서명할 때는 서명 활동을 하는 사람의 얼굴과 복장을 보게 된다. 반대로 서명을 부탁하는 쪽도 서명하는 사람의 얼굴과 복장을 관찰한다.

물론, 그런 정보의 대부분은 잊힌다. 하지만 일부는 기억 속에 남는다. 그리고 그런 경험이 나중에 운동이 어려움에 처했을 때 뜻밖의 방식으로 도움이 되곤 한다. '이런 사람들이 서명했었지', '이 연령대가 많았어', '이런 옷을 입은 사람이 이런 투로 말했지' 등과 같은 부가정보가 운동의 방향성을 정정할 때 매우 중요한 요소가 될 수 있는 것이다.

인터넷 서명에는 그러한 부가정보가 없다. 자신들을 지지하는 이들이 어떤 사람들인지 얼굴이 안 보인다. 그래서 '사실 …였던 거구나'와 같은 정정을 하지 못한 채 표면적인 동원 싸움만 치를 뿐이다. '사실 …였다'는 깨달음의 중요성은 이후에 자세히 논하겠다.

정정하려면 '외부'가 필요

더 추상화해보자. 방금 논한 것은 정정하는 힘을 충분히 발휘하려면 정정하는 대상과는 별도로 정정하는 행위의 지렛대 역할을 하는 '외부'가 필요하다는 말이기도 하다. 외부는 역사, 신체성, 또는 방금 말한 부가정보 등을 가리킨다.

이를 '맥락'이라 바꾸어 말할 수도 있다. 어떤 메시지에도 반드시 그것을 뒷받침하는 잉여 부분=외부가 있다. 그리고 콘텐츠는 본래 이 외부까지 포함해서 콘텐츠다. 이를 잘라내고 '본체'만 남기려 하면 정정하는 힘을 잃고 쇠퇴하고 만다. 지금은 그런 면에서 콘텐츠 독해력이 약해지고 있다. 보수파의 예를 하나 들자.

에토 준江藤淳(1932~1999)[26]에게 《닫힌 언어 공간閉された言語空間》이라는 1989년에 간행한 저서가 있다. 패전 후 미국 점령하에 있는 일본인에게 미국이 죄책감을 심기 위해 'War guilt information program(WGIP)'이라는 프로파간다를 진행했다는 내용의 평론이다. 지금은 음모론의 기원이 된 저서로 여겨져 별로 평판이 좋지 않다.

맞는 말이긴 하나 그런 독해는 맥락을 경시한 것이기도 하다. 에토 준은 미국에 대해 복잡한 감정을 품고 있었다. 이 굴절은 초기 저서 《미국과 나アメリカと私》에서도 엿볼 수 있으

26 에토 준은 현대 일본을 대표하는 문예비평가다. 노벨문학상 수상자인 오에 겐자부로와 거의 같은 시기인 1950년대 후반 일본 문단에서 활동을 시작했다. 처음에는 둘 모두 신예 문학자로 함께 활동했으나 1960년대 후반에 상충하는 의견을 갖게 되어 오에 겐자부로는 리버럴파를 대표하는 소설가가, 에토 준은 보수파를 대표하는 비평가가 되었다. 가라타니 고진을 일찍부터 높이 평가해 그가 문예비평가로 자리 잡는 데 일조했다.

며, 전후 일본의 문학사를 사유하는 데 핵심적인 관점이다. 《닫힌 언어 공간》은 이런 맥락 속에서 쓰인 저서로, 원래부터 미군 점령기 일본에 대한 실증 연구로 여기고 읽을 책이 아니다.

인터넷은 맥락을 지운다. 시간도 지운다. 모든 정보를 무미건조하게 제시하는 것은 인터넷의 장점이기도 하다.

하지만 앞서 말한 잉여 부분이 없으면 독해가 단순화될 수밖에 없다. '이 사람은 이렇게 표현하고 있지만 사실은 다른 얘기를 하고 싶었던 것이고, 지금 이 시대에 맞게 해석하면 이런 얘기가 아닐까' 하는 재독해를 할 수 있는 여지가 사라지고 만다. 지금은 이런 폐해가 늘어난 시대다.

정정하는 힘이란 '재독해하는 힘'이다. 메시지와 콘텐츠의 외부를 상상하는 힘이다. 그런 힘이 약해져 과거의 풍요로운 문화적 유산을 활용하지 못하게 되었다.

중요한 것은 메시지의 장황함

이 시대는 '가성비', '시간 효율'을 중시한다. 메시지나 콘텐츠도 짧고 간결한 것을 선호한다. 인간관계도 최소한이면 된다는 생각이 늘고 있다. 코로나19 유행기에는 일은 직접 얼굴을 맞대지 않고 재택근무로 하는 것이 일반화됐다. 따라서 이 책에서 하는 주장이 반시대적으로 들릴지도 모르겠다.

하지만 조금 전 언급한 것처럼 이런 '잘라냄'은 콘텐츠를 오히려 매우 허약하게 만들고 만다. 콘텐츠는 주변의 언뜻 쓸

모없어 보이는 주변 정보와 함께 전달해야 본래 힘을 발휘하기 때문이다. 이는 언어적 소통뿐만 아니라 영화, 음악 같은 문화적 체험 전체에 해당한다.

선문답처럼 들릴지도 모르겠으나, 사람이 '음악을 듣고 싶다'고 느낄 때 실제로는 무엇을 듣고 싶은 것일까? 물론 소리만 듣고 싶다는 금욕적인 사람도 있을 것이다. 하지만 대부분의 사람들은 그렇지 않다. 그들은 오로지 소리만 듣고 싶은 것이 아니다. 많은 사람이 음악을 듣고 싶다고 할 때는 그 음악과 연관된 기억이나 체험도 아울러 얘기하는 것이다.

콘텐츠의 가치란 무엇인가

예를 들어 라이브 공연에 간다고 치자. 그 행위는 티켓을 사고, 들뜬 친구와 연락을 주고받고, 당일 행사장까지 이동하고, 춤추고, 맘껏 외치고, 물품판매소에서 굿즈를 사고, 끝난 후에 함께 밥을 먹으며 감상을 얘기하는 등의 여러 체험을 동반한다.

많은 사람은 이를 아울러 하나의 체험으로 여긴다. 이 모든 것이 즐겁기 때문에 '음악을 듣고 싶다'고 생각한다. 순수하게 소리만을 듣는 것으로는 뭔가 부족함을 느낀다. 영화나 스포츠도 마찬가지다. 엔터테인먼트란 그런 체험의 종합적 연출로 존재했을 때 비로소 가치를 갖는다.

그런데 지금 사회는 콘텐츠 산업이 번성한 것처럼 보이는 한편, 문화 소비의 구조에는 의외로 둔감해진 것 같다.

현대사회에서는 구독 문화가 발달해 예전과는 비교가 안 될 정도로 다양한 음악을 손쉽게 즐길 수 있다. 하지만 이것은 정말 '음악을 듣고 싶다'는 욕구를 충족시키는 방식일까? 현재의 플랫폼은 이와 같은 요청에 "알겠습니다. 월정액 1,000엔으로 1억 곡을 들을 수 있게 해드리죠"라는 식의 응답을 한다. 과연 이것이 사람들이 원하던 것일까?

데이터는 넘쳐나지만 의외로 종합적인 체험은 빈곤하다. 콘텐츠의 양은 넘쳐나지만, 실제로는 사람들의 욕구불만이 쌓여가는 시대인지도 모른다.

책도 마찬가지다. 나도 지금은 인터넷 서점과 전자책에 의존하고 있지만 젊을 때는 열심히 오프라인 서점과 도서관에 들렀었다. 책장 사이를 거닐며 처음 보는 책과 만나는 것이 무엇보다 즐거웠다.

독서라는 행위도 실은 이와 같은 체험과 하나였던 것이 아닐까? 독서는 결코 고독한 행위가 아니다. 책이라는 콘텐츠의 데이터를 제공하는 것과, '책을 읽는다'는 체험을 제공하는 것은 다른 행위다.

하지만 이 차이를 독자는 인지하지 못한다. 책을 읽고 싶다는 생각에 책의 데이터를 받아서 읽은 후 '읽고 싶은 책을 읽었다'고 여기고 만다. 하지만 실제로는 뭔가 다르다고 느낄 것이다. 최근 서점 감소가 문제시되고 있다. 사실 서점은 데이터를 제공하는 장소가 아니라 체험을 제공하는 장소였던 것이 아닐까?

지금은 이와 같은 어긋남이 여기저기 나타나고 있다. 정정하는 힘이 약해지는 것도 이와 관련이 있다. 음악이든, 책이든, 원하는 데이터를 검색해 내려받는 것만으로는 "그랬구나, 실은 내가 이것을 좋아했던 거구나"와 같은 취미의 정정은 일어나지 않으니까.

이 장의 정리

이번 장에서 논한 내용을 정리하자.

정정하는 힘이란 과거와의 일관성을 주장하면서 실제로는 과거의 해석을 바꾸어 현실에 맞게 고쳐가는 힘을 말한다. 이는 지속하는 힘이고 듣는 힘이며, 나이 듦의 힘이고 기억하는 힘이자 재독해하는 힘이기도 하다.

유럽은 정정하는 힘을 노련하게 활용한다. 한편, 지금의 일본은 이 힘을 십분 활용하지 못하고 있다. 이 차이는 코로나19 유행기에 명확해졌다.

일본에서 정정하는 힘이 기능하지 않는 이유 중 하나는 리버럴파, 보수파 양쪽에 존재하는 '정정하지 않는 세력' 때문이다. 그들은 '흔들리지 않음'을 정체성으로 여긴다. 이로 인해 논의가 경직되고 사회가 정체된다.

단, 이 결함을 개인의 탓으로 치부해서는 안 된다. 그 배경에는 사회 전체를 규정하는 '정정하지 못하는 토양'이 있다. 현재의 일본인은 대화할 때 신뢰 관계를 형성하는 훈련을 받지 못해, 섣불리 의견을 바꾸면 공격 대상이 될지도 모른다는 불안감에 휩싸여 있다. 이런 상황은 '논파력' 붐으로 인해 더욱 악화했다.

그렇다고 해서 희망이 전혀 없는 것은 아니다. 일본에는 원래 정정하는 힘을 발휘하는 전통이 있었다. 지금은 동영상 방송 등 새로운 전달 수단도 생겨났다. 이들 수단은 잉여 정보를 함께 제공함으로써 정정하는 힘을 새로이 강화할 가능성을 품고 있다.

다음 장에서는 이와 같은 정정하는 힘의 본질을 철학적인 측면에서 다루겠다.

2장 ‘사실 …였다’의 역동성

우리는 일상적으로 정정하고 있다

정정은 누구나 일상적으로 하고 있는 행위다. 그 행위를 더 의식해 현실의 변혁에 활용하자는 것이 이 책의 제안이다.

본디 정정이란 무엇일까? 결론부터 말하자면 정정의 본질은 일종의 '메타 의식'에 있다. 자신이 무의식적으로 한 행위에 대해 '응? 그게 아니었던가?' 하고 위화감을 느끼거나 거리를 느낄 때 정정할 계기가 생긴다. 이런 거리감이 없으면 애초에 정정할 필요가 없다.

우리 인간은 많은 일을 무의식적으로 해간다. 물을 마실 때 컵을 들고, 집을 나설 때 열쇠로 잠그고, 전철을 탈 때 개찰구에 스마트폰을 대는 행동을 할 때 보통은 아무 생각도 하지 않는다.

그러면 어떨 때 '생각'을 하게 되냐면 무의식적으로 한 행동이 순조롭게 진행되지 않을 때다. 항상 있던 열쇠가 없거나, 항상 가지고 다니던 스마트폰이 없을 때가 그렇다. 몸이 안 좋아서 그럴 수도 있고, 외부 환경이 바뀌어서 그럴 수도 있다. 이때 '응? 이상한데?' 하고 느껴 외부 환경을 조정할 필요성이 생긴다.

즉, 행동을 정정할 필요성이 생긴다. 이것이 의식하게 되는 출발점이다. 그런 의미에서 의식한다는 것은 이미 정정의 일부다.

시행착오의 가치

자신의 행동을 정정해 외부 환경에 맞추어가는 것. 이것이 삶을 영위하는 기본 방식이다. 동물도 그렇게 살아가지만 인간은 이 정정 능력이 특히 발달했기 때문에 의식을 갖게 된 것으로 여겨진다.

나는 인류학이나 뇌과학 전문가는 아니다. 따라서 어디까지나 문외한의 추측임을 감안하고 들어주었으면 하는데, '지금까지는 이렇게 행동하면 되었는데, 상황이 바뀌어 그 방법이 안 통하게 되었다. 그러니 이렇게 해보면 어떨까?'와 같은 정정하기 시뮬레이션이 의식의 기원이 아닐까? 그리고 처음에는 의식해서 하던 행위도 몇 번 반복해 정정할 필요가 없어지면 무의식 안에 스며든다.

언어도 마찬가지다. '의식하지 않고 말한다'고 하면 이상하게 들릴지 모르지만, 사람은 편한 상대에게는 무의식적으로 고른 말투로 거의 의식하지 않고 말을 한다. 예를 들어서 리버럴파 동료들끼리 이야기할 때는 정책에 대해 그다지 신중하게 고민하지 않고 헌법 개정과 방위비 증액에 대해 반대하면 된다.

그런데 그 안에 보수파 사람이 있다면 이야기는 달라진다. "그럼, 일본의 안전보장은 어떻게 하려고요?"라고 반박할지도 모른다. 이럴 때 '생각할 필요성'이 생긴다. 그리고 '방금 한 말만으로는 진의를 전달하기 힘드니 다른 방법으로 말해야겠다'는 시행착오를 하게 된다.

앞 장에서 논한 것처럼 일본에서는 이러한 시행착오를 싫어하는 사람이 많다. 잘못을 인정하면 진다고 생각하기 때문이다. 하지만 그것은 잘못된 생각이다.

시행착오를 하는 것과 의견을 바꾸는 것은 다르다. 환경이 바뀌었기 때문에 말하려는 취지가 지금까지의 표현으로는 안 통하게 됐다. 그래서 새로운 환경에서도 통하도록 표현을 바꾸는 것일 뿐이다. 이것이 정정하는 힘이다.

대화는 끝나지 않는다

위의 짧은 설명으로 알 수 있는 바와 같이 정정하는 힘이란 애초에 살아가는 데 있어 원점이 되는 힘이다. 그리고 모든 소통, 모든 대화의 원점에 있는 힘이기도 하다.

미하일 바흐찐이라는 러시아 문학이론가가 있다. 《도스토옙스키 시학의 제문제》라는 유명한 책을 쓴 사람인데, 그 책에서 대화가 중요하다고 논했다.

단, 이는 일반적인 대화가 아니다. 바흐찐이 말하는 대화의 정의는 '언제든 상대방의 말에 반론할 수 있는 상황'이라는 것이다. 바흐찐의 표현을 빌리자면 '최종적인 말이 없다'.

즉, 누군가가 “이게 마지막입니다. 결론이 났어요”라고 말했을 때 반드시 다른 누군가가 “아니지 않나?” 하고 말한다. 그리고 다시 얘기를 나눈다. 이처럼 어디까지나 계속되는 것이 대화의 본질로, 다르게 표현하자면 계속해서 발언을 정정해간다. 이것이 타자가 존재한다는 것이고 대화라고 바흐찐은 주장한다.

이는 매우 중요한 지적이다. 사람은 대화가 필요하다, 이야기를 나누라고 말하곤 하지만, 대부분의 경우 이는 일정한 합의나 결론에 도달하기 위한 절차에 불과하다. 바흐찐에 따르면 그런 것은 대화가 아니다.

신체적인 피드백

말을 할 때 우리 머릿속에는 추상적인 개념이 명확하게 자리 잡고 있는 것이 아니다. A의 머릿속에 개념이 있어 이것이 B에게 전달되어 B가 그것을 이해하는 식의 과정이 아닌 것이다.

그러면 대화할 때 무슨 일이 일어나고 있냐면, 오히려 함께 공통된 어휘를 만들어가는 작업에 가깝다고 할 수 있다. 얘기를 나눈다는 게임을 하면서 동시에 말을 사용하는 규칙을 함께 만들어가는 행위인 것이다.

말이 갖는 뜻은 사전에 확정된 것이라고 생각할지도 모르겠다. 하지만 의외로 꼭 그렇지도 않다. 설혹 의미가 확정되어 있더라도 뉘앙스가 다를 수 있다.

조금 전의 예를 들자면, 리버럴파는 군대의 존재를 당연하다는 듯이 부정적으로 여긴다. 하지만 보수파는 그렇지 않다. 뉘앙스가 다른 것이다.

이때 자기가 이런 말을 썼더니 상대방은 예상했던 것과 다른 반응을 보였고, 이대로는 대화가 성립하지 않을 것 같아 다른 말로 바꾸었다. 그랬더니 대화에 진전이 있었고 게임으로서 성립했다. 이런 과정을 거듭해가는 것이다. 이 조정에 끝이란 없다. 이것이 바흐찐의 주장이다.

나는 음악에 대해 잘 알지는 못하지만 재즈의 세션과 닮은 것이 아닐까 생각한다. 다른 사람의 연주를 실시간으로 듣고, 그에 맞추어 자기 연주를 조정해 바꾸어간다.

이와 같은 신체적 피드백을 추상화한 것이 여기서 말하는 정정하는 힘이다.

크립키의 '콰스'

또 하나 소개하고 싶은 것이 솔 크립키라는 미국 철학자가 《비트겐슈타인 규칙과 사적 언어》라는 책에서 전개한 주장이다. 비트겐슈타인도 철학자의 이름이다. 그에 대해서는 나중에 따로 다루겠다.

크립키의 주장은 다음과 같다. 두 사람이 함께 덧셈을 하고 있다 치자. 1+1은 2, 2+2는 4 하는 식으로 하나하나 답을 확인하며 얘기를 나눈다. 그리고 덧셈이 68+57에 이르렀다. 답은 물론 125다. A는 125라고 답한다. 그런데 B가 정답은

5라고 한다.

당연히 A는 "어째서 5라는 거냐"며 반발할 것이다. 이에 B는 다음과 같이 답한다. "아니야. 5가 맞아. 왜냐하면 실은 우리가 해왔던 것은 덧셈이 아니라 '콰스quus(겹하기)'라는 특이한 계산이기 때문이지. 콰스는 더하는 숫자 중 한쪽이 56이 될 때까지는 덧셈과 똑같지만, 양쪽이 57 이상이 되면 답이 전부 5가 되거든. 지금까지 덧셈을 하고 있었다고 생각해온 네가 잘못 이해하고 있었던 거야"라고 말이다.

여기서 68+57=5는 그냥 하나의 예로, 다른 숫자의 조합이라도 상관없다. 아무리 많이 덧셈을 해왔어도 지금까지 사용하지 않았던 숫자의 조합은 반드시 존재한다. 따라서 B와 같은 주장은 언제든 가능하다.

또한, 애초에 덧셈이 아니더라도 비슷한 예를 만들 수 있다. 이 문제의 요점은 여러 사람이 하나의 게임에 참가해 어느 시점까지는 아무 문제도 일어나지 않고 규칙도 공유하고 있다고 여겼지만, 갑자기 한 사람이 "너는 잘못 알고 있어"라고 말하는 사태를 어떻게 이해할 것인가다.

물론, 상식적으로 생각하면 콰스라는 계산을 하고 있었다는 B의 주장은 궤변이다. 말도 안 되는 소리를 한다며 무시당할 것이다.

그런데 크립키에 따르면 학문적 입장에서 엄밀하게 고찰하면 그런 궤변을 논리적으로 반박하는 것은 결코 불가능하다. 어떻게 반론을 하더라도 유사한 궤변으로 반박당하게 되어 있다. 크립키의 논리 전개는 매우 흥미진진하니 관심을 가진 독자는 그의 책을 읽어보기 바란다.

진상은 배제 불가

일상적인 예를 들어 해석하자면 이 주장은 '우리는 진상을 완벽하게 막을 수는 없다'는 말이 된다.

아무리 규칙을 엄격하게 정해도 어느 날 갑자기 이상한 사람이 나타나 "너는 이 게임을 제대로 이해하지 못했어. 진짜 규칙은 이거야"라고 트집을 잡을 수 있다. 그 가능성을 결코 배제할 수 없다. 크립키가 증명한 것을 적용하면 그렇다.

따라서 진상에 대한 대처는 항상 생각해두어야 한다. 이때 대처법은 두 가지가 있다. 하나는 "당신은 출입 금지" 하고 게임 자체에서 배제하는 것. 대체로 이 방법을 취하게 된다.

하지만 다른 방법도 있다. "그렇군요. 당신은 규칙을 그렇게 해석했던 거네요. 그런 사람이 있다면 새로운 해석을 가미하죠" 하며 규칙을 확장하거나 정정하는 방법이다. 아무리 그래도 덧셈 규칙을 변경할 수는 없겠지만, 이런 주장이 있기에 게임은 더 많은 가능성을 갖게 된다. 실은 자연과학에서조차 이러한 규칙 변경은 드물지 않다.

여기서 크립키의 철학이 바흐찐의 대화론과 연결된다. 그리고 이는 정정하는 힘의 본질과도 관련이 있다. 바흐찐은 대화는 끝나지 않는다고 했다. 크립키는 어떤 규칙을 정해도 그에 대한 이의 제기는 가능하다고 지적했다. 이를 달리 말하면 인간의 소통은 본질적으로 '개방적'이라는 거다.

우리 사회에서는 아무리 엄밀하게 규칙을 정해도 반드시 그 규칙을 다르게 해석해 이상한 행동을 하는 인간이 나오기 마련이다. 사회를 존속시키려면 그런 이상한 사람이 나타났을 때 일정한 방식으로 대처해 다음 단계로 나아가야 한다. 그래서 정정하는 힘이 필요하다.

달리 보면, 규칙에는 항상 구멍이 있다는 것이기도 하다. "규칙을 지키지 않는 사람이 있으면 곤란하다"는 말이 아니다. 인간이란 규칙을 지켜도, 또는 지키는 척해도 실은 무엇이든 자유롭게 할 수 있다는 것이다. 규칙은 얼마든지 다양하게 해석할 수 있기 때문이다. 크립키가 증명한 것은 이것이다.

민주주의는 해킹에 대한 대처

이는 정치와도 관련된 얘기다. 시사 문제를 살펴보자.

폭로형 유튜버인 히가시타니 요시카즈東谷義和(1971년생)가 2022년 7월 NHK당 소속으로 입후보해 참의원 의원에 당선되었다. 그럼에도 그는 머물고 있던 두바이에서 귀국하지 않았고 국회 본회의장에도 모습을 드러내지 않았다. 2023년에 들어 참의원에서 히가시타니를 제명했고, 그 후 협박 등의 혐의로 체포되어 지금에 이른다.[1] 그의 행동에 정당성이 있는지

1 히가시타니 요시카즈는 연예계 관련 사업을 하다 사기 등의 혐의로 일본에 있기 어려워지자 2022년에 아랍에미리트의 두바이로 도주한다. 그곳에

에 대해 반년 동안 일본 매스컴은 떠들썩했다.

해외에 머문 상태로 국회의원에 당선한 후에도 귀국하지 않는 의원. 이런 케이스를 법은 고려하고 있지 않았다. 이처럼 규칙을 어기는, 또는 '해킹'하는 행위에 어떻게 대처해야 할까? 이는 매우 중대한 문제다.

왜냐하면 히가시타니와 같은 케이스는 앞으로도 나올 수 있기 때문이다. 선거제도에는 여러 구멍이 있다. SNS가 큰 힘을 발휘하는 시대에는 사리사욕을 위해 이를 이용하는 사람이 계속해서 나타날 것이다.

이에 대해 '히가시타니는 민주주의 정신에 위배된다'고 외쳐봤자 별 의미가 없다. 그런 사람이 나타나는 것까지 포함한 민주주의이기 때문이다.

민주주의에서 규칙은 국민, 즉 게임 참가자 자신이 정한다. 그래서 모든 가능성을 배제하는 규칙을 만들 수는 없다. 또한, 어떤 규칙도 '해킹'될 여지가 있다고 봐야 한다. 사회를 지키려면 히가시타니 같은 '해커', '진상'에 개별적으로 대처해 규칙을 정정해가는 유연성을 가져야 한다. 이번 일에 대해

서 연예인들의 공개되지 않은 진위가 명확하지 않은 여러 정보를 폭로하여 유명한 유튜버가 되었고, 'NHK로부터 자국민을 지키는 당' 비례대표 후보로 출마해 참의원 의원으로 당선한다. 해외에 머물면서 일본의 국회의원이 되었지만 계속 귀국을 하지 않았고(사기 혐의 등으로 경찰의 수사 대상인 점 등이 이유일 것으로 추정된다), 당연히 국회의원으로서 정상적인 활동도 하지 않았다. 결국 2023년 3월 15일 참의원 본회의에서 제명 처분을 받아 국회의원직을 잃었다.

서는 제2의 히가시타니가 나타나지 않도록 조속히 법을 정비해야 할 것이다.

달리 말해, 민주주의란 본질적으로 진상 대처, 해킹 대처의 사상이다. 이러한 본질은 정치사상을 배우기보다는 오히려 바흐찐과 크립키 같은 언어철학을 배웠을 때 쉽게 이해가 된다.

리버럴파는 '진정한 민주주의'에 호소하기를 좋아한다. 하지만 진정한 민주주의 같은 것은 없다. 민주주의의 본질은 '모두가 규칙을 만든다'는 것에 있다. '올바름'도 모두가 정한다. 따라서 어떤 규칙을 만들어도 이를 악용하는 인간이 반드시 나타나고, 기존의 민주주의의 상식을 어기는 인간이 나타난다. 구조 자체가 그렇기 때문이다.

완벽하게 올바른 시민을 키우고, 완벽하게 올바른 법제도를 만들고, 완벽하게 법을 지키는 사회를 만들자는 발상은 의미가 없다. 오히려 규칙을 어겼을 때 어떻게 대처하는가에 민주주의의 역량이 나타난다. 이런 점에서 정정하는 힘이란 민주주의의 힘이라고도 할 수 있다.

테러는 용납하지 않는다

2022년 7월에 있었던 아베 전 총리 총격 사건에 대해서도 언급해보자. 먼저 말해 두겠는데, 나는 피고인 야마가미 데쓰야山上徹也(1980년생)를 전혀 동정하지 않는다. 공감을 표명하는 논객도 이해가 되지 않는다. 그런 테러를 용납해서는 안 된다. 총을 손수 만들어 전 총리를 암살했는데 감형 운동이라니 안 될 말이다.

이를 전제로 얘기하자면 실제로 테러가 세상을 바꿀 때도 있다. 이번 총격 사건도 어느 정도 사회를 바꾸었을 거다. 그런 면에서 정정하는 힘이 발휘되었다. 1장에서 이의 제기는 때때로 범죄로 여겨지며 그렇기 때문에 힘을 발휘한다고 했다. 따라서 이 책의 논의를 테러 용인으로 받아들이는 사람도 있을지 모르겠다.

하지만 그렇지 않다. 테러를 용납해서는 안 된다. 그러나 일단 테러가 일어난 후에는 이 새로운 현실에 대처하기 위해 사회를 정정할 필요가 있다. 이 두 주장이 공존한다는 것이 이 책의 주장이다.

좀 더 자세히 설명하겠다. 크립키에 대한 논의를 떠올려 보자. 어떤 규칙을 정해도 이상하게 해석해 묘한 행동을 하는 인간이 나타난다. 크립키의 증명은 이를 의미한다.

이때 사회가 할 수 있는 대처는 두 가지다. 하나는 그 인물을 쫓아내는 것. 또 하나는 규칙을 변경해 그 인물을 받아들이는 것.

그러나 어느 쪽을 선택하든 규칙의 운용을 바꾸지 않을 수 없다. 설혹 규칙 자체를 바꾸지 않더라도 이상한 진상이 나타나 문제를 일으키면 비슷한 사건이 일어나지 않도록 운용을 바꿔야 한다.

물론, 아무리 운용을 바꾸어도 새 진상이 나타날 가능성은 남는다는 것이 크립키의 가르침이지만, 그래도 어떤 식으로든 대처를 하게 된다.

테러 대책과 정정의 철학은 양립한다

즉, 진상을 쫓아내는 것과 진상이 나타나 규칙을 정정하는 것은 양립한다. 마찬가지로, 야마가미 피고를 엄벌에 처하는 것과 테러에 대처해 사회를 바꾸는 것은 양립한다.

이와 관련해 총격 사건 이후의 일본 여론은 문제가 있었다고 본다. 보수파는 "야마가미는 용납할 수 없다", "테러의 의미 따위 생각할 필요 없다"고 목소리를 높였고, 다른 한편으로 리버럴파 중에서는 테러의 배경에 경도되어 "총격은 변혁에 기여했다", "테러가 성공해서 다행이다"라며 범죄를 긍정하는 사람까지 나타났다. 둘 다 너무 단순하다.

정정하는 힘은 외부 환경의 변화에 맞추어 자신의 모습을 바꾸어가는 힘이다. 테러로 인해 상황이 바뀌었다면 사회도 바뀌어야 한다. 이는 테러의 정당성을 인정하는 것과는 다르다.

테러는 패배가 확정된 도박이다. 테러는 반드시 처벌된다. 그리고 테러로 사회가 바뀔지 여부는 결국 결과론에 좌우된다.

실제로 2023년 4월에 일어난 기시다 총리에 대한 폭발물 투척 사건은 놀라우리만큼 금방 잊히고 말았다. 야마가미 피고가 일부에서 영웅이 되었다고 해서 비슷한 행동을 한다고 영웅이 되는 것은 아니다.

야마가미 피고도 완전히 묵살될 가능성이 있었다. 큰 반향을 일으킨 것은 결과론적으로 그랬을 뿐이다. 단, 그 결과를 결과로 받아들일 필요가 있다. 그렇게 따로따로 생각하면 될 일이다.

비트겐슈타인의 '언어게임'

정정하는 힘을 철학적으로 사유하기 위해 또 하나 소개하고 싶은 것이 〈들어가며〉에서 짧게 언급한 비트겐슈타인의 언어게임이다.

루트비히 비트겐슈타인은 오스트리아 출신 철학자로 20대에 매우 논리적인 저작을 쓴 천재적 인물이다. 《논리-철학 논고》가 바로 그 책인데, 그 후로는 "이것으로 내 철학은 끝났다"며 초등학교 교사가 되어 철학의 길을 접고 말았다.

그런데 시간이 흐른 후 과거의 자기 철학만으로는 불충분하다고 생각하게 된다. 그래서 다시 철학적 글을 쓰게 되었는데, 책으로 내지 않은 채 1951년에 세상을 떴다. 이를 제자들이 모아 출간한 것 중 하나가 《철학적 탐구》라는 책으로, 거기에서 제시한 이론이 언어게임이다.

비트겐슈타인은 일반적으로 '게임'이라고 불리는 것과는 다소 다른 뜻으로 게임이라는 말을 쓴다. 여기서 말하는 게임(놀이)이란 인간의 언어적 소통 전체를 아우르는 개념이다.

거기서는 끊임없이 규칙이 변화한다. 게다가 플레이어가

규칙이 변화하는 것을 알지 못한다. 비트겐슈타인은 언어란 그런 게임이라고 주장한 것이다.

규칙이 어느새 바뀐다

이상한 주장으로 들릴지도 모르지만 허황된 얘기가 아니다. 예를 들어 아이들의 노는 모습을 떠올려보면 알 수 있다. 〈들어가며〉에서 들었던 예를 다시 살펴보자.

아이들이 모여 있다. 누군가가 달리기 시작한다. 어느새 술래잡기가 시작됐다. 그런데 어느 순간 숨바꼭질로 바뀌었다. 어느새 또 규칙이 바뀌어 도둑잡기를 하고 있고, 새로운 아이들도 섞여 있다. 아주 평범한 광경이다.

이때 놀이 규칙이 명백히 바뀌었다. 하지만 아이들은 바뀌었다고 생각하지 않는다. 계속 같은 놀이를 하고 있다고 느낀다. 비트겐슈타인은 이런 상황이 게임의 기본 양태라고 생각한 것이다.

모두가 다 동일한 게임을 하고 있다고 느끼지만, 실은 조금씩 규칙이 바뀌어 다른 게임이 되어간다. 이는 언어뿐만 아니라 사회의 여러 현상에도 해당된다.

예를 들면 일본인은 오랫동안 같은 일본이라는 나라에서 살아왔다고 느낀다. 실제로는 100년 전의 일본과 지금의 일본은 법률도 관습도 많이 다르다. 쇼와 시대(1926~1989)와 레이와 시대(2019~현재)도 상당히 다르다. 그렇다고 같은 일본이 아닌 것도 아니다. 국가, 기업, 브랜드 등의 일관성이란 그만큼 애매모호하다.

애초에 인간 자신도 그런 존재다. 아이가 성장해 어른이 된다. 동일한 나 자신이긴 하나 다른 면도 상당히 있다. 이런 현상을 파악하려 할 때 비트겐슈타인의 언어게임이 효과적이다.

당사자는 정체성을 만들 수 없다

언어게임이 중요한 이유는 — 이는 비트겐슈타인의 주장이라기보다는 내 해석이 상당히 들어간 것인데 — 규칙이 바뀌기 위해서는 '관객'이 필요하다는 결론이 도출된다는 점이다.

A와 B가 게임을 하고 있다. A가 어떤 플레이를 한다. B가 다른 플레이로 응한다. A는 이를 규칙 위반이라고 항의한다. B는 규칙에 준한 것이라고 응한다. 두 사람의 해석이 충돌한다.

이럴 때 우리는 어떻게 할까? 보통은 관객 등 제3자적으로 판단하는 사람이 있어 "A의 해석이 지금까지와의 일관성이 있다", "B는…" 하고 논의해 운용 방식을 조정하게 된다. 즉, 규칙의 해석은 플레이어 자신이 결정할 수 없다.

이는 일종의 패러독스다. 게임의 본질을 정하는 것은 플레이어가 아니라 관객이나 심판이기 때문이다. 하지만 이 또한 곰곰이 생각하면 납득할 수 있다. 비트겐슈타인이 강조했던 것처럼 플레이어 자신은 자기가 어떤 게임을 하고 있는지 모른다. 그렇기 때문에 해석이 충돌한다. 그렇기에 이때 '같은 게임'이라는 일관성을 보증하는 것은 게임에 참가하고 있지 않은 제3자일 수밖에 없다. 이처럼 당사자는 정체성을 만들 수 없다는 것이다.

이는 게임뿐 아니라 사회적 현상에 널리 적용할 수 있다. 앞서 예로 든 '일본'이라는 정체성을 보자. 일본의 실체는 쉼 없이 바뀌어간다. 그렇기 때문에 그 안에 있는 일본인 — 여기서는 국적으로서의 일본인이 아니라 일본에 사는 주민이라고 생각해달라 — 은 사실 '무엇이 일본적인가'를 정할 수 없다. 일본인은 당사자이고, 따라서 당사자는 모두 멋대로 자신의 일본상을 갖고 있기 때문이다. 실제로 보수파의 일본관과 리버럴파의 일본관, 혹은 전통 예술 계승자의 일본관과 애니메이션 마니아의 일본관은 그 내용이 크게 다를 것이다.

따라서 일본의 정체성을 정할 수 있는 것은 제3자인 관객이나 심판에 해당하는 사람들일 수밖에 없다. 구체적으로는 관광객, 외국인 노동자, 혹은 일본 콘텐츠의 소비자들이다. 1장에서 보수파도 유연해졌으면 한다고 쓴 것은 이러한 이론적 배경에서다.

집단(게임)의 정체성은 구성원에 해당하는 당사자(플레이어)와, 이를 바깥에서 보고 있는 관객이라는 두 요소로 구성된다. 물론 플레이어야말로 게임의 본체다. 하지만 그렇기 때문에 그들은 게임의 일관성을 만들어내지 못한다. 게임의 일관성은 플레이어의 플레이를 '바깥에서' 해석하여 과거의 기억과 대조해 규칙을 계속해서 정정해가는 관객에 의해 만들어진다.

고유명사의 불가사의함

철학적인 얘기를 조금만 더 하자. 방금 논한 '게임의 일관성을 정정하는 힘이 만들어내는 현상'은 고유명사의 특성을 통해 이해하면 알기 쉽다.

고유명사는 학문적으로 매우 다루기 어려운 대상이다. '말'은 일반적으로 그 정의에 따라 정해지는 것으로 여겨진다. 적어도 많은 사람이 그리 여긴다. 그래서 사전이 있다.

그런데 고유명사에는 정의라는 것이 없다. 정의라는 사고방식 자체가 성립하지 않는다. 예를 들어 '소크라테스'라는 고유명사를 생각해보자.

소크라테스의 정의는 무엇일까? 남성, 그리스인, 철학자, 책을 쓰지 않은 사람, 플라톤의 스승, 마지막에 사형당한 사람… 등등 여러 속성을 나열하면 그것이 정의를 구성한다고 생각할지도 모르겠다.

그런데 그렇지 않다. 예를 들어 거의 있을 수 없는 일이긴 하나, 앞으로 고고학 연구가 진전되어 플라톤의 스승이며 마지막에 사형당한, 지금까지 소크라테스라는 이름으로 불렸던 철학자가 실은 여성임 밝혀졌다고 치자. 소크라테스가 남성으로 정의되었다면, 이 발견은 바로 '소크라테스는 존재하지 않았다'는 결론으로 이어질 것이다. 정의를 충족하는 존재가 사라진 것이니까.

하지만 우리는 그렇게 반응하지 않는다. '그랬구나. 소크라테스가 사실 여성이었구나' 하고 생각한다.

당연하게 느껴지지만, 굉장히 논리적으로 설명하기 힘든 특징이다. 이는 정의를 과거로 돌아가 고칠 수 있음을 의미하기 때문이다.

우리는 지금까지 '소크라테스는 남성'이라고 생각하며 '소크라테스'라는 말을 사용해왔다. 그런데 새로운 발견이 있자마자 '그는 여성이었구나. 그러면 지금까지 알려졌던 것과 다른 점이 많네'라고 곧바로 판단해 지금까지 지녔던 소크라테스의 이미지를 수정해 새 이미지에 맞게 전체상을 바꾼다. 현시점의 새 정의로 과거의 정의를 바꿈으로써 새로운 일관성을 만들어내고 마는 것이다.

인간에게는 그런 능력이 있다. 이것이 정정하는 힘이다. 이 능력이 있기 때문에 우리는 예전부터 익숙했던 것에서 새로운 것을 발견할 수 있다. 달리 말해 과거를 고쳐 쓰는 능력을 갖추고 있다.

'사실 …였다'의 힘

이 '사실 …였다'라는 작용은 인간과 인간 사회를 이해하는 데 결정적으로 중요한 요소다.

다른 각도에서 설명하자. 최근에는 인공지능(AI)이 큰 화제다. 인공지능 업계에는 '튜링테스트'라는 유명한 개념이 있다. 이는 앨런 튜닝이라는 수학자가 1950년대에 생각해낸 테스트다.

AI와 인간 한 명을 응답자로 준비한다. 누가 누구인지 모르는 조건에서 여러 피험자에게 두 응답자와 대화를 하게 한다. 그리고 어느 쪽이 AI이고 어느 쪽이 인간인지를 판단하게 한다(엄밀하게는 더 복잡한데 여기에서는 단순화하도록 한다).

그 결과가 1 대 1 정도의 비율이라면 어느 쪽이 AI이고 어느 쪽이 인간인지 구분이 안 된다는 것이므로, 이때는 AI를 실질적인 인간으로 여겨도 된다. 이런 테스트를 튜링테스트라고 한다. 즉, 인간으로 통용하는 대화를 한다면 이를 인간으로 보자는 사고방식이다.

언뜻 보기에 이 테스트는 합리적이다. 하지만 여기에는 약점이 있다. 인간에게는 '사실 …였다'는 발견이 있기 때문이다. 어떤 문제가 있는지는 다음과 같은 경우를 생각하면 알 수 있다.

예를 들어 당신이 화면상으로 누군가와 계속 대화를 하고 서로 사랑한다고 믿었다고 치자. 상대방은 연인처럼 대해줬고 정말 행복했다.

그런데 어느 시점에 그 상대방이 AI였음을 알게 되었거나 AI는 아니더라도 고용되어 연기했던 사람이었다는 사실이 밝혀진다. 이때 당신은 과연 "아, 그랬구나. 그래도 대화하는 동안에는 연인이랑 다를 게 없었고 사랑을 느꼈어. 실질적으로는 연인이었지. 좋은 추억을 주어서 고마워"라는 반응을 할까? 절대로 그렇지 않을 것이다. 대부분의 사람은 '속았다'

고 느낄 것이다. "다 거짓이었다고?" 하며 절망하고 분노하게 될 것이다.

이는 즉 튜링테스트를 통과하는 것만으로는 부족함을 뜻한다. 한 발 더 나아가 '사실 …였다'라는 테스트를 통과할 수 있는 무언가가 필요하다.

인간은 '사실 …였다'는 발견이 도처에 있는 환경에서 살아간다. 새로운 발견을 통해서 과거에 했던 경험의 의미가 완전히 바뀌는 경우가 있다. 나는 이를 '결혼 사기 문제'라고 부른다.

정정은 인생의 전환점에서 필요하다

인간은 '사실 …였다'라는 발견을 통해 과거를 역동적으로 고쳐 써가며 살아간다. 잘 살아가기 위해서는 이 고쳐쓰기를 효과적으로 활용해야 한다. 이것이 다름 아닌 정정하는 힘이다.

물론 '사실 …였다'는 만능이 아니다. 이 힘을 멋대로 쓰면 과거를 자기 입맛에 맞춰 고쳐 쓰는 기회주의적인 인간이 되고 만다. 역사수정주의가 그렇다.

하지만 이는 인생의 전환점에서는 필요한 힘이다. 오랫동안 해오던 일을 그만두거나, 오랫동안 함께했던 동반자와 이별할 때 많은 사람이 지금까지 잘못 살아왔으니 앞으로는 새 인생을 살아야겠다고 생각한다. 리셋하는 사고방식이다.

하지만 지금까지 해온 일이 힘들기는 했어, 지금까지 함께 살아온 사람과는 성격이 맞지 않았어, 그렇지만 이에 대해서 '사실' 이런 해석을 할 수 있고, 그리 해석하면 미래로 직결되지. 그러니 과거와 단절하는 것은 오히려 삶을 꾸준히 살아가기 위해 필요한 거야. — 이렇게 생각하는 편이 적극적으로 살아갈 수 있다. 이것이 정정하는 사고방식이다.

지금은 이러한 정정하는 힘을 부정적인 방식으로 사용하는 사람이 많다. "사실은 계속 속고 살았어", "사실은 계속 불행했어", "사실은 계속 피해자였어"라는 '발견'은 인터넷에 넘쳐난다.

하지만 같은 힘을 긍정적으로도 사용할 수 있다. 정정하는 힘을 인생에 응용하는 방법은 3장에서 다시 논하겠다.

리버럴파는 새로운 역사를 논할 필요가 있다

'사실 …였다'라는 발상은 공동체의 서사에도 응용할 수 있다.

지금 일본은 위기에 처해 있다. 계속되는 저출산 추세, 심각한 국제 정세, 경제적 쇠락, 개선되지 않는 젠더 지수, 에너지 문제 등 골치 아픈 일로 가득하다.

어디로 향해 가야 할까? 과거가 잘못되었으니 쇼와 시대의 일본과는 단절한다는 것도 하나의 방법이다. 많은 사람, 특히 리버럴파는 이런 리셋을 원하는 것처럼 보인다.

하지만 이에 대해서도 정정이라는 사고방식을 적용하는 것이 낫지 않을까? 구체적으로는 앞으로 일본이 나아갈 길을 정하고, 그 미래와 연결되는 형태로 '사실 일본은 이런 나라였다'는 스토리를 만들어야 한다는 거다.

이는 역사수정주의를 추진하라는 말이 아니다. 역사란 과거의 사실을 조합해 서사로 만들었을 때 비로소 성립한다. 역사적 사실들을 무시하지 않더라도 여러 스토리가 있을 수 있다.

지금 이런 작업을 필요로 하는 것은 보수파보다 리버럴파다. 보수파는 원래부터 스토리를 갖고 있다. 리버럴파는 독자적인 역사관이 부족하다.

예를 들어 리버럴파는 자민당의 지지 모체이기도 하여 신토神道[2]를 경계하는 사람이 많다. 제2차 세계대전 이전의 국가 신토는 분명 큰 문제를 안고 있었다. 그러나 신토 자체는 일본의 토착 종교에 그치지 않고, 일본인의 문화·습관과 떼려야 뗄 수 없는 요소로, 그 가치를 부정하며 정치적인 영향력을 갖기는 힘들다. 그렇다면 반대로 '실은 신토에는 이런 역사가 있고, 이는 보수파가 생각하는 것보다 훨씬 리버럴하며 우리가 미래에 계승해갈 부분이다'와 같은 서사를 만들면 좋지 않을까?

일본의 리버럴파는 전후 약 80년의 역사만 참조해왔고, 그런 점에서 매우 허약하다. 미국의 경우 공화당과 민주당 모두 독립선언과 게티즈버그연설[3]로 돌아간다. 좌우 막론하고

2 일본의 토착 종교로, 지금도 일본인의 정신적 기둥 중 하나로 여겨진다.

국가의 역사 전체를 서사 구성에 이용한다.

일본에서도 같은 방식으로 역사를 접해야 한다. 좌우 모두 역사를 참조했을 때 비로소 균형을 잡을 수 있다. 아마테라스오미카미天照大神나 진무神武 천황[4]까지 거슬러 올라가라는 말이 아니다. 과거의 역사적 사실로부터 새로 풀어낼 수 있는 서사는 많이 있을 것이다.

전진하려면 옛것을 회복해야 한다

'사실 …였다'는 정정의 사고방식이 본질적으로 보수주의와 가까운 것은 분명하다. 과거와의 연속성을 중시하기 때문이다.

과거를 통째로 리셋하고 새로운 사회를 만들자는 주장은 프랑스혁명이나 공산주의 등 좌파의 발상이다. 그런 점에서 리버럴파에 정정하는 힘을 도입하자고 권유해도 좀처럼 받아들이지 않을 것이라는 생각이 든다.

다만, 그런 리셋 시도는 역사적으로 보았을 때 실패해왔다. 프랑스혁명은 모든 것을 리셋했다. 종교를 배척하고, 달력을 새로이 바꾸었고, 새로운 이상을 내세웠다. 그래서 위대

3 1863년 11월 19일에 미국의 16대 대통령 링컨이 남북전쟁 격전지였던 게티즈버그에서 행한 연설로 "국민의, 국민에 의한, 국민을 위한 정치가 지상에서 소멸해서는 안 된다"는 구절이 유명하다.

4 아마테라스오미카미는 일본 신토 최고의 신이며, 진무 천황은 일본의 초대 천황이다. 모두 일본의 신화에 등장한다.

하다는 평가를 받고 있지만, 실제로 공화정은 순식간에 붕괴하고 나폴레옹이 황제가 되었다가 곧이어 왕정으로 회귀하고 말았다. 한나 아렌트처럼 그 한계를 제대로 이해한 사상가도 있다.

더 알기 쉬운 사례가 소련의 실패다. 러시아혁명이 시도한 리셋이 얼마나 허무했는지 지금의 러시아를 보면 잘 알 수 있다.

그토록 오랫동안 공산주의 체제가 계속되었는데도 붕괴하자마자 러시아의 전통적인 가치관과 습관으로 회귀하고 말았다. 러시아정교회도 영향력을 회복해 스탈린이 폭파한 구세주 그리스도 대성당이 재건되었다. 푸틴의 지배가 과거 러시아제국의 차르를 떠오르게 하는 것은 우연이 아니다.

한마디로 소련 시대에도 전혀 리셋되지 않았던 것이다. 공산주의는 무종교를 표방했지만, 모스크바에 있는 레닌 묘는 종교 시설 그 자체다. 레닌의 시신을 방부 처리해 영구 보존하고 있는데, 그 배경에는 러시아정교회의 "성자의 시신은 썩지 않는다"는 믿음이 있다. 혁명 이전의 종교적인, 혹은 민족적인 상상력을 그대로 반영하고 있다.

특정 지역에서 면면이 이어져온 문화와 습관은 리셋하려 해도 그리 쉽게 리셋되는 것이 아니다. 아무리 이데올로기로 겉 부분을 세뇌하는 것에 성공해도 가족 형태, 식습관, 주거구조 등은 좀처럼 바뀌지 않는다. 따라서 근간이 되는 부분은 원래 상태로 되돌아간다. 정정하는 사고방식이 필요한 이유다.

우리가 할 수 있는 것은 리셋이 아니라 개량일 뿐이다. 그 개량도 개량주의라는 말이 상기시키는 '합리성을 내세워 위에서 강제하는' 방식이 아니라 '사실 …였다'라는 과거의 재발견을 동반한 점진적인 개량만이 가능하다. '실은 당신들은 옛날부터 이랬어요'라는 논리로 유도하면서 조금씩 내용을 바꾸어가는 것 외에 방법이 없다.

역설적이지만, 전진하려면 옛것을 회복해야 한다. '사실 …였다'라는 완충제가 없으면 사회 개량은 뿌리내릴 수 없다. 이는 지금까지 특정 게임을 하던 아이들에게 전혀 새로운 게임을 하라고 해도 하지 않는 것과 같은 이치다. 새 게임을 도입하려면 아이들을 계속 놀게 하면서 조금씩 규칙을 바꾸어가는 수밖에 없다. 새 게임은 옛 게임을 정정하는 방식으로만 시작할 수 있는 것이다.

정정하는 힘은 문과적 힘

사회는 리셋되지 않는다. 인간은 합리적으로 움직이지 않는다. 따라서 과거의 기억을 정정하면서 조금씩 개량해가는 것 외에는 방법이 없다. 이것이 이 책의 기본적인 입장이다.

이 생각은 '비과학적'으로 보일지도 모른다. 실제로, 정정하는 힘은 매우 문과적인 주장이다. 한 이과 출신인 분과 얘기했을 때 베스트셀러가 된 사이토 고헤이斎藤幸平(1987년생)[5]의 《지속 불가능 자본주의: 기후 위기 시대의 자본론》이 이해가 안 된다고 한 적이 있다. 주장 여하를 떠나 왜 지금 굳이 마르크스를 읽어야 하는지 모르겠다는 취지였다.

이 책을 읽는 독자 중에도 유사한 의문을 갖은 경험이 많지 않을까 한다. 실제로 인문계 학자는 과거의 저작을 가져와 이를 새 관점으로 해석해 재독해하는 일만 한다. 이과에서는 매우 드문 연구 방식이다. 중력을 배우기 위해 뉴턴을 다시 읽는 일은 없으니까.

왜 인문계는 그런 식으로 연구하는 것일까? 그 이유는 인문계 학문이 기본적으로 '사실 …였다' 방식의 학문이기 때문이다.

인문계의 연구 대상은 존재하는 듯하면서 존재하지 않는다. 예를 들어 진, 선, 미를 추구한다지만 그런 물체가 어딘가에 존재하는 것은 아니다. 말 속에만 존재한다.

따라서 인문계 학문은 이과 계열처럼 '말과 대상이 일치하면 진리', '예측이 적중하면 진리'라는 기준으로 연구할 수 없다.

그럼 어떻게 연구를 하냐면, 이때 기준이 되는 것이 '사실 …였다'는 논리다. 플라톤은 진리라는 개념에 대해 이렇게 말했다. 칸트는 이렇게 말했다. 하이데거는 이렇게 말했다. 먼저, 이와 같은 역사가 있다.

5 사이토 고헤이는 일본의 철학자이자 마르크스주의 연구자로, 2024년 현재 도쿄대학교 대학원 종합연구과 준교수다.

이 가운데 어떤 것이 맞는지는 애초에 진실이라는 관념 자체가 말 속에만 존재하기 때문에 이과 계열이 취하는 방법으로 탐구해봤자 의미가 없다. 할 수 있는 것은 그런 과거의 역사를 참조하면서 현재 사회 상황에 맞추어 진리라는 개념을 사용한다면 이렇게 재해석하는 것이 효과적이지 않을까, 하고 '정정'을 제안하는 것 정도다. 그렇게 해서 미래를 만들어간다.

즉, 인문계의 '지식'이란 본질에 있어 '정정해가는 지식'인 것이다. 그래서 우리는 21세기가 되어서도 "플라톤은 사실 … 라고 말했다", "마르크스는 사실 …를 주장했다"는 표현을 사용한다.

Chat GPT는 정정을 못한다?

최근에는 인문학부가 필요 없다는 주장이 힘을 얻고 있지만, 이와 같이 생각하면 인문학적 지식이 왜 존재해야 하는지 이해가 될 것이다.

요즘 Chat GPT를 비롯한 생성형 AI가 화제다. 질문을 입력하면 마치 인간처럼 자연스러운 말로 그럴듯한 대답을 해준다. 다양한 의견이 있지만, 이와 같은 기술의 출현이 의미하는 바를 한마디로 정리하면 '인간의 언어는 의식이 없어도 구성할 수 있다'는 것이다.

2장 서두에서 언급한 것처럼 우리는 일상에서는 자동기계처럼 말을 내뱉는다. '이 말 다음에 저 말을 하면 문제없겠지'라는 식으로 연상되는 말의 연쇄로 대화가 진행된다. 대부분 이렇게 대화를 진행해도 문제가 생기지 않는다. 즉, 애초에 우리의 소통이 Chat GPT와 별로 다르지 않다. 그래서 AI로 대체 가능한 것이다.

그렇다면 인간의 고유성은 어디에 있을까? 바로 이런 무의식적인 연쇄에 대한 '메타 의식'에 있다. 즉, '아니, 틀렸나?' 하는 정정이야말로 인간의 인간다움을 구성한다. 인간은 정정하는 힘을 갖고 있기에 지금까지 오랫동안 사용해온 말을, 그 기억을 계승한 채로 다른 뜻을 담은 말로 바꿀 수 있다. 이는 지금까지 논한 것처럼 '언어 바깥'이 없으면 불가능하다. Chat GPT는 언어로만 구성된 세계이기 때문에 정정이 불가능하다.

인간에게는 언어뿐만 아니라 언어 바깥에도 세계가 있다. 그리고 두 세계의 관계를 조정하기 위해 끊임없이 말을 정정해갈 필요가 있다.

이과 계열의 지식은 '언어 바깥의 세계'를 예측하기 위해 발전한 것이기에 '언어의 세계'와 '언어 바깥의 세계'가 개별적인 명제 단위로 일치할 것을 요구한다.

한편, 인문계의 지식은 기본적으로 '언어의 세계'에 중점을 두고 있기 때문에 이과적 지식처럼 명제 단위로 언어 바깥과 일치할 필요가 없다. 하지만 전체적으로 '언어 바깥의 세계'와 엇나가게 되면 언어 자체가 의미를 잃어 단순한 말장난이 되고 말기 때문에 중심적인 개념은 때때로 정정할 필요가 있다. 이와 같이 생각하면 될 것이다.

반증 가능성과 정정 가능성

좀 더 학문적으로 표현하면 자연과학과 인문학의 차이는 반증 가능성과 정정 가능성의 차이라 할 수 있다.

반증 가능성은 칼 포퍼라는 철학자가 100년 전쯤에 제창한 개념이다. 이는 매우 흥미로운 이론으로, 한마디로 '자연과학에는 절대적으로 옳은 이론은 있을 수 없다'는 사고방식이다.

자연과학의 이론은 구체적인 예측을 동반한다. 소박한 예를 들자면, 정한 무게의 물질을 정해진 각도와 일정한 속도로 던지면 몇 미터 날아갈 것인지를 예측해서 맞추면 그 이론은 옳은 것이 된다.

그런데 첫 번째 실험에 성공하더라도 조건을 바꾼 다른 실험에서 성공할지는 장담할 수 없다. 언젠가는 틀린 이론임이 증명될지도 모른다. 그래서 자연과학의 이론은 항상 '반증될 가능성'이 있고, 어떤 이론도 '반증될 때까지 잠정적으로만 옳은' 상태에 놓여 있다. 이것이 반증 가능성이다.

포퍼는 어떤 명제가 과학적인지 여부는 이와 같은 '반증 가능성'이 있는지 여부로 정해진다고 생각했다. 이 세계에는 개별적인 실험이 불가능한, 따라서 반증도 불가능한 명제가 있는데, 이런 명제들은 과학이라는 범주에 포함되지 않는다. 예를 들어 '신은 존재한다'는 명제는 옳을지도 모르고 틀릴지도 모르지만, 실험이 불가능하고 반증이 불가능하므로 진위 여부를 논하기 전에 애초에 '과학적인 주장'이 아니다. 포퍼는 이를 기준으로 과학과 비과학을 분류한 것이다.

이 반증 가능성이라는 사고방식은 이 책의 주제인 정정 가능성과 비슷한 면도 있으나 결정적인 부분에서 다르다.

자연과학의 세계에서는 한 번 반증된 이론은 버려진다. 그래서 학생이 배울 때는 최신 교과서만 있으면 되고, 과거의 저작은 필요치 않다. "여러 학자가 시행착오를 거쳐왔지만, 현시점에서 가장 합리적으로 자연을 설명할 수 있는 이론은 이것입니다. 그러니 이것을 공부하세요"라는 논리다.

그런데 인문학은 그렇지 않다. 학생도 우선은 과거를 배우는 것부터 시작해야 한다. 왜냐하면 인문학은 정정의 학문이기 때문이다. 철학에도 버려지고 잊힌 이론이 많이 있다. 하지만 그 이론들을 완전히 잊어서는 안 된다. 언제 '사실 …였다'는 논리로 부활할지 모르기 때문이다. 이것이 자연과학과 인문학의 차이다.

매몰비용을 남긴다

리셋인가 정정인가. 반증 가능성인가 정정 가능성인가. 이과인가 문과인가. 이 대립은 다음과 같이 표현할 수 있다.

경제학에 '매몰비용'이라는 개념이 있다. 이것은 이미 투자한 것을 회수할 수 없게 된 비용, 즉 되찾을 수 없는 비용을 가리킨다.

경제적 합리성에 비추어보면 매몰비용은 무시하는 것이 가장 합리적이다. 과거를 잊고 앞으로의 가능성만을 생각하는 게 낫기 때문이다(이런 점에서 경제학은 문과보다 이과에 가까운 학문이다).

하지만 현실에서 사람은 좀처럼 매몰비용을 무시하지 못한다. 지금까지 희생해왔으니 앞으로 낙관하기 힘들더라도 끝까지 가고 싶다는 쪽으로 마음이 기운다. 사업이나 도박에서만 그런 것이 아니다. 예를 들어 끝이 보이지 않는 전쟁을 하게 되어 매몰비용 때문에 철수할 기회를 잃는 경우를 많이 보아왔다. 제2차 세계대전 때 일본이 바로 그랬다.

나도 이런 판단은 어리석다고 본다. 하지만 이와 동시에 인간 사회는 이런 어리석음을 필요로 하는 것 아닐까 하는 생각도 한다. 왜냐하면 이러한 어리석음이 없으면 인간 사회에서 기억이 사라지고 말기 때문이다.

예를 들어 최근, 경제학자 나리타 유스케成田悠輔(1985년생)가 과거에 "노인들은 집단 자결하는 편이 낫다"고 발언한 것을 누군가 찾아내 사회적인 비판을 받는 사건이 있었다. 철면피다, 인간이 아니다 등등 여러 비판을 받았지만 나는 그 발언을 매우 경제학자다운 합리적인 것이라고 느꼈다.

다른 요소를 고려하지 않고 일본의 상황을 보면 앞으로 사회에서 일할 젊은이를 우대해야지, 치료비가 눈덩이처럼 커질 뿐인 노인은 조용히 퇴장했으면 하는 발상이 나오는 것은 당연하다 하겠다. 바로 매몰비용을 처리해서 버리는 것과 같은 논리다.

하지만 인간은 그런 합리성만으로 움직이는 동물이 아니다. 그런 점에서 나리타의 발언은 비현실적이고 단순하다. 현실의 인간은 과거를 잊지 않는다. 매몰비용도 버리지 않는다. 비효율적이라는 사실을 알지만 노인을 소중히 여긴다.

왜 인간은 그러는 것일까? 나는 이를 묻는 것이 인문학이며, 그 답이 정정하는 힘이라고 생각한다.

이과의 세계에는 현재의 이론만이 있을 뿐이다. 과거의 이론은 필요가 없다. 마찬가지로 경제학의 세계에는 미래의 이익만이 있을 뿐이다. 과거의 매몰비용은 버려야 할 대상인 것이다.

하지만 인문학의 세계는 그렇게 생각하지 않는다. 미래의 가능성은 과거를 정정하는 과정에서 비로소 열린다. 따라서 최대한 많은 과거의 가능성을 축적해두는 것이 미래를 풍요롭게 하는 것이라고 여기는 것이다. 예를 들면 도서관은 바로 이런 발상 아래 운영된다. 지금 필요로 하는 책만 모아둔다면 제대로 된 도서관이 될 수 없다.

그래서 나는 인문학은 앞으로도 계속해서 필요하다고 생각한다. 인간이 인간인 한, 과거를 기억하는 존재인 한, 이과적인 발상만으로 사회가 운영되는 일은 없기 때문이다. 최근에는 인문학은 쓸모없다는 주장이 힘을 얻고 있지만, 이에 대해서는 명확히 인문학의 의의를 개진하자.

특이점은 신비 사상이다

지금까지 바흐찐, 크립키, 비트겐슈타인, 포퍼 등의 사상가를 다루면서 '정정하는 힘'의 철학적 본질을 살펴보았다. 정정하는 힘이 인간 사회의 본질에 뿌리를 두고 있으며 잃어서는 안 되는 것이 있음을 이해했으리라 생각한다.

이러한 인간 사회는 언제까지 계속될까? 최근에는 인공지능이 발달해 수십 년 후에는 인간 사회가 극적으로 변화해 철학, 예술, 비즈니스도 모두 바뀐다고 주장하는 사람이 늘고 있다. 그런 사람의 관점에서는 이 책의 주장은 유통기한이 짧은 것으로 보일지도 모르겠다.

하지만 나는 그러한 예상이 잘못된 것이라고 생각한다. 왜냐하면 인공지능이 아무리 발달해도 인간은 별로 바뀌지 않을 것이기 때문이다.

그 근거를 살펴보자. 예를 들어 최근에 회자되는 '특이점(싱귤레리티singularity)'이라는 개념이 있다. 인공지능이 인간의 지능을 뛰어넘어 세계가 극적으로 변화하는 시대가 도래하는 것을 가리키는 용어다.

하지만 이 용어를 제창한 미래학자 레이 커즈와일의 책을 읽으면 표면적으로는 새 아이디어처럼 보이나 실제로는 꽤 낡은 아이디어를 조합한 내용임을 알 수 있다.

서양 사상에는 '유대교·기독교적 종말론'이 저변에 깔려 있다. 한마디로 언젠가 신이 도래해 세계의 종말이 온다는 사상인데, 이 사고방식이 모습을 달리하며 근대에도 남아 있다.

그중 하나로 19세기 러시아에서 탄생한 '우주주의'를 기원으로 하고, 피에르 테야르 드 샤르댕과 마셜 매클루언을 거쳐 IT산업의 요람이었던 1970년대의 캘리포니아에서 꽃피운 일종의 신비주의적 흐름이 있다. 커즈와일은 바로 그 계승자다. 그래서 신=인공지능의 시대가 도래해 사람은 모두 구원받는다는 서사를 제시하는 것이다. 즉, 인간의 시대가 끝난다는 사상 자체가 매우 인간적이다.

물론, 앞으로 인공지능은 놀라운 발전을 거듭할 것이다. 그러나 그 발전이 인간 사회를 얼마나 바꿀지는 미지수다.

인공지능의 발전이 특정 단계에 이르면 인간의 역사가 종말을 고한다는 주장에는 의심의 여지없이 특정한 사상적 편향이 자리한다. 따라서 그렇게까지 진지하게 받아들이지 않아도 된다. 나 같은 인문계 인간에게 이는 자명한 일인데, 엔지니어나 비즈니스 계열의 사람들은 이를 모른다는 것이 신기하다.

《호모 데우스》를 쓴 역사학자 유발 하라리에게도 유사한 경향이 있다. 그는 이스라엘인으로, 커즈와일보다 직접적으로 유대교의 영향을 받았을지도 모른다.

인간이 살아가는 법은 바뀌지 않는다

오해하지 말았으면 하는데, 나는 기술적 의미에서의 특이점, 즉 인공지능이 인간의 지능을 뛰어넘는 때가 온다고 믿는다. 지금 인간이 하는 일은 대부분 인공지능이 할 수 있게 될 것이다.

하지만 그것이 인간이 살아가는 법을 극적으로 바꾼다고는 생각하지 않는다.

미디어 아티스트 오치아이 요이치落合陽一(1987년생)와 이런 얘기를 나눈 적이 있다. 인공지능이 인간의 지능을 뛰어넘으면 인공지능 자체가 자연계의 데이터를 직접 모아서 처리해 새로운 이론을 창출하고, 그 이론을 바탕으로 첨단 기술을 만드는 시대가 온다. 이때 인간은 인공지능이 이해하는 세계를 이해하지 못할 것이고, 단지 기술의 은혜를 향유할 뿐인 존재가 된다.

오치아이는 이를 인간의 위기로 느끼는 것 같았지만 나는 생각이 달랐다. 왜냐하면 내게는 인간이 지금까지 살아온 모습과 별로 다르지 않다고 느꼈기 때문이다.

인간은 지금도 자연계를 완벽하게 이해하고 있지는 않다. 세계에 관해 모르는 것이 너무도 많다. 그리고 그 모르는 자연으로부터 많은 은혜를 향유하며 살아간다.

나로서는 인간이 자연을 완전히 이해할 수 있다는 생각 자체가 이상하다. 인간의 두뇌는 매우 작다. 계산 속도도 느리다. 그뿐 아니라 작동하는 기간은 길어야 100년으로 기억을 옮기지도 못한다. 이런 결함투성이 계산기가 세계를 이해할 수 있을 리 없다.

역사적으로 보았을 때 인간의 뇌가 세계 전체를 이해할 수 있다는 생각 자체가 최근 300~400년 사이에 유럽에서 만들어진 환상에 불과하다. 특이점이 도래해 그런 꿈에서 깨어난다면 반가울 따름이다. 이는 과학자의 자존심을 꺾을지도 모르나 비슷한 일은 지동설 때도, 진화론 때도 있었다.

내 관심은 '이와 같은 기술이 탄생했을 때 인간 사회가 얼마나 본질적으로 변화하는가, 인간의 고통·고민은 과연 사라지는가' 하는 문제로 향해 있다. 그런 점에서 딱히 새로운 점은 없다.

인간 사회의 본질은 AI로 바뀌지 않는다

인공지능은 산업구조를 바꾼다. 하지만 사회의 본질은 바뀌지 않는다. 앞으로 5~10년 사이에 그 차이가 분명해질 것이다.

왜 사회의 본질은 바뀌지 않을까? 정정하는 힘이 역시 관계가 있다.

사회는 게임이다. 그것도 계속해서 규칙이 바뀌어가는 게임이다. 이 역동성을 지탱하는 것이 정정하는 힘이다.

인공지능은 그 역할을 할 수 없다. 물론, 지금의 인공지능은 정해진 규칙에 매우 잘 따를 수 있다. 적절한 목적만 설정하면 알아서 규칙을 발견해 규칙의 변화에도 대처할 수 있다. 그러나 인공지능이 신체를 갖지 않는 이상 이런 대처에는 한계가 있을 수밖에 없을 것으로 사료된다.

인간의 정정하는 힘은 자유자재로 발휘된다. 예를 들어 인간은 무의미한 논쟁을 그만두기 위해 전혀 관계없는 신체적 행위를 도입할 수 있다.

이는 매우 구체적이고 일상적인 일이다. 논쟁하다 피곤하면 함께 술을 마신다든가, 연인 사이라면 스킨십이나 성적 접촉을 하는 식이다. 얼핏 언어게임과 무관해 보일지도 모르나 이 또한 일종의 정정 행위다. 그리고 이런 접촉에 의해 조금 전까지 계속되던 싸움을 아무것도 아닌 것으로 여기게 되는 일도 실제로 자주 일어난다. 아니, 인간관계의 조정은 본질적으로 이와 같은 것이다. 과연 이런 정정을 인공지능이 할 수 있을까?

나는 이러한 힘을 갖지 않는 한 인공지능의 출현이 인간 사이에 이루어지는 소통의 근간을 뒤흔드는 일은 없다고 본다.

한편, 만약 인공지능이 관능적인 신체를 갖게 되고 앞에서 언급한 소통의 정정까지 가능해진다면, 그때는 인간과 본질적으로 다를 바 없는 존재가 되고 말아 결과적으로 사회의 존재 양식에도 영향을 주지 않을 것이다.

따라서 어쨌든지 간에 인간의 문제는 지금과 다름없이 계속 남아 있을 것이라고 생각한다.

어린이가 그린 그림의 가치

지금까지의 논의를 요약하면 인공지능 사회의 도래에서 중요한 것은 오히려 '인간이란 무엇인가'라는 문제다.

조금 전에 Chat GPT를 예로 들었는데, 지금은 스테이블 디퓨전Stable Diffusion 등 일러스트계 생성형 AI도 놀라운 속도로 진화하고 있다. 이것은 키워드를 몇 개 입력하면 일러스트를 자동으로 생성한다. 매우 편리하기 때문에 콘텐츠 산업에 끼치는 영향은 어마어마할 것이다. 조금만 지나면 동영상도 생성할 수 있게 될 것이며, 아마도 몇 년 내에 스토리를 입력하면 캐릭터 디자인을 비롯한 모든 것을 AI가 담당해 꽤 뛰어난 영상 작품을 만들어낼 수 있지 않을까 한다.

하지만 중요한 것은 그때 인간이 어떻게 '느낄지'다. 인간은 콘텐츠가 뛰어나다고 꼭 감동하는 것이 아니다.

어린이가 그린 그림을 예로 들자. 우리 집에는 딸이 초등학생 때 그린 그림이 걸려 있는데, 이 그림에 예술적 가치는 전혀 없을 것이다. 그럼에도 내게는 가치가 있다. 왜 그럴까? 바로 딸이 그려서다. 이를 전문 용어를 써서 표현하면 '작가성'이 있기 때문이다. 인간은 콘텐츠를 소비할 때 그 내용뿐만 아니라 '그것을 만든 사람' 등의 부가정보도 동시에 소비한다. 이것이 작가성이다.

때로는 이 부가정보가 내용보다 중요한 가치를 창출하기도 한다. 한 장에 몇백억 원 하는 상품이 거래되는 아트 마켓이 바로 그렇다. 작품 자체는 얼마든지 복제가 가능할 것이다. 하지만 '이 그림을 어느 시기에 그 작가가 그렸다'는 사실은 복제할 수 없다. 따라서 더 높은 가치를 만들어낸다. 이 사실성을 디지털로 재현하려는 것이 NFT[6]다.

6 NFT는 Non-Fungible Token(대체 불가능 토큰)의 약어로, 블록체인 기술을

인간은 콘텐츠의 내용과 부가정보를 함께 소비한다. 평소에는 이를 자각하지 않는다. 하지만 아트 마켓처럼 특수한 곳, 또는 자기 아이의 그림 같은 극단적인 사례에서 이 사실이 명확히 드러난다.

'작가성'의 재발견

뛰어난 콘텐츠를 저렴한 가격에 무한정으로 만들 수 있는 AI 사회에서는 새삼 내용과 부가정보의 격차가 문제가 될 것이다. 즉, 작가성이 더욱 중요해진다.

여기까지 읽은 독자는 이미 알고 있을 터인데, 이 또한 정정하는 힘과 관련이 있다. 작가성을 지탱하는 것이 바로 '사실 …였음'을 발견하는 경험이다. 앞서 이를 고유명사의 정의를 변경하는 문제로 설명했다.

눈앞에 아이가 그린 유치한 그림들이 쭉 걸려 있다. "그렇구나" 하고 시큰둥하게 보고 있었는데, 어느 그림을 가리키며 "이것은 자녀분이 그린 것이랍니다"라는 말을 듣는다. 그러면 갑자기 굉장히 소중한 그림으로 느껴진다. 누구나 그런 경험이 있을 텐데, 이것이 바로 정정 행위이며 작가성이 불러일으키는 감각의 맹아다.

통해 특정 자산의 소유권과 진위를 인증하는 일종의 가상 진품 증명서를 말한다. 예술작품, 음악, 비디오, 가상 부동산, 수집품 같은 디지털 또는 물리적 자산의 원본성과 소유권을 나타내는 용도로 사용되고 있어 현재 디지털 아트 마켓에서 널리 쓰인다.

불가사의한 감각이 아닐 수 없다. 하지만 이 감각은 인간 사회에 작동하고 있으며 경제적 가치와도 연동한다. 이 영역에 개입하지 않으면 예술에 영향을 미칠 수 없다.

물론 인간이 만든 콘텐츠 중에는 작가성과 무관하게 유통되는 것이 많다. 익명으로 판매되는 것도 있다. 하지만 여기에는 분명히 한계가 있다. 인공지능을 사용해 아무리 뛰어난 콘텐츠를 창출해도 "그래서 이건 누가 만들었는데?"라는 스토리성을 부가할 수 없다면 상품으로 성공할 여지는 제한적일 것이다.

사람은 사람에게만 돈을 쓴다

이와 같은 '사실 …였다'는 힘을 제대로 분석하는 것은 앞으로 비즈니스를 하는 데서도 반드시 필요하다고 본다.

작가성이라는 말을 구닥다리라고 느끼는 사람도 있을 것이다. 실제로 내가 대학생 때 현대사상 분야에서는 '작가의 죽음'이 자주 회자되었다. 포스트모던 사회에서는 근대적인 작가상은 해체된다는 주장이 파다했다.

하지만 현재 눈에 보이는 현상은 작가의 죽음은커녕 그 어느 때보다 작가성이 중요해지고 있다는 변화다. 트위터, 유튜브, 틱톡 등 현대인은 그 어느 때보다 '사람'에게 많은 관심을 갖고 있다. 어떤 사람을 매력적이라고 느끼면 다소 콘텐츠의 질이 나쁘더라도 망설이지 않고 돈을 쓴다.

이런 변화를 업계 전문가들은 가볍게 여긴다. 전문적인

프로는 콘텐츠의 질을 중시하기 때문이다. 소설가의 경우 문장의 질이 무엇보다 중요하다고 본다. 뮤지션은 음악의 질이 무엇보다 중요하다고 여긴다. 영상 작가는 영상의 질이 중요하다고 생각한다. 당연한 일이다.

하지만 현실의 소비자는 그렇게 생각하지 않는다. 아무리 생각해도 질이 낮은 콘텐츠를 열심히 소비한다.

예전에 '주목 경제(어텐션 이코노미attention economy)'라는 말이 화제가 되었다. 주목받으면 돈을 벌 수 있다는 뜻인데, 막상 뚜껑을 열고 보니 주목받는 대상이 된 것은 작품이 아니라 '사람'이었다. 내용이 뛰어나서 작품이 팔린다고 믿는 사람은 이제 일부 전문가뿐이다.

이를 어떻게 보아야 할까? 더 원리적으로 생각해야 한다. 앞으로는 많은 사람이 이와 같은 문제에 직면하게 된다. 생성형 AI가 보급되면 좋은 문장, 좋은 음악, 좋은 영상을 쉽게 만들 수 있게 되기 때문이다. 전문적인 프로의 능력이 양산되는 시대가 도래하는 것이다.

프로의 능력을 무료로 이용할 수 있고 복제할 수 있게 된다면 돈을 지불하는 대상은 프로냐 아마추어냐가 아니라 제공하는 이의 존재감에만 좌우되고 만다. 그런 점에서 지금이 문화산업의 큰 전환점이라는 사실은 분명하다.

겐론 카페의 '신들림'

사람은 무엇에 감동할까? 무엇에 돈을 쓸까? 생각하면

생각할수록 알쏭달쏭하다. 마지막으로 내 경험을 얘기하자.

다음 장에서 자세히 다룰 텐데, 도쿄에 내가 경영하는 '겐론 카페'라는 이벤트 스페이스가 있다. 청중이 100명 들어오면 꽉 찰 정도로 좁은 곳으로, 빌딩도 오래되어서 언젠가는 이사해야겠다고 생각하고 있지만, 한편으로 이곳이 만약 TV 스튜디오처럼 화려하고 넓은 공간이 되면 특별한 뭔가를 잃어버릴 것 같다.

이는 보통 '집 같은 아늑함'이라 불리는 감각이다. 하지만 나는 다르게 표현할 수 있지 않을까 생각한다.

바로 정정하는 힘이나 작가성의 감각과 관련 있는 표현으로 말이다. '사실 …였다'는 발견을 만들어내는 공간. 콘텐츠의 질과는 별개로 열심히 하고 있으니 왠지 응원하고 싶어지는 공간.

나는 겐론 카페를 운영하면서 토크쇼를 듣기 전과 들은 후에 토크쇼에 나온 등단자를 바라보는 관점이 조금 바뀌는 공간을 추구해왔다. 한마디로 '정정하는 힘'이 작동하는 공간이라 할 수 있다.

겐론 카페 관객이 쓰는 말 중에 '신들렸다'[7]라는 표현이 있다. '뭔가 엄청난 것을 보았다'는 뜻인데, 이는 반드시 토크

7 '신들렸다'는 일본어 '神感(かみかん)'을 의역한 것으로, 풀어 설명하자면 '신이 강림한 듯한 느낌'이라는 뜻이며, 일본어에도 정식 단어로는 존재하지 않는 용어다.

내용이 좋았다고 해서 쓰이는 것도 아니다.

오히려 PT가 완벽하거나 얘기한 내용이 논리정연하면 이런 반응이 없다. 토크 중에 해프닝이 일어나거나 논의가 탈선해 얘기가 어디로 튈지 모르게 되면 이 반응이 나온다. 그리고 그럴 때는 예외 없이 매출이 증가한다. 그렇다고 잡담을 하면 되는 것도 아니어서 도대체 어떻게 했을 때 '신들렸다'는 반응을 끌어낼 수 있는지를 두고 매번 시행착오를 겪는다.

이에 대해 느낀 바가 있다면, 지금까지 논한 작가성과 관련된 것 같다는 직감이다.

유명인이 아니면 안 된다는 뜻이 아니다. 무명인 사람이 등단해도 '신들림'의 느낌이 만들어질 때가 있다. 오히려 중요한 것은 '이 사람은 이런 사람이었구나!', '이 주제가 이렇게나 재미있는 거였구나!' 하는 의외성의 발견이다. 그런 사례를 많이 보다보면 사람은 '사실 …였다'는 발견, 즉 정의를 정정하는 것 자체에 강한 쾌락을 느끼는 것이 아닐까 하는 가설을 갖게 된다.

즉, 정정하는 힘 자체가 상품이 될 수 있지 않을까? 겐론 카페가 파는 것은 실은 정정하는 경험이라고 생각한다.

정정하는 경험을 판다

다소 거창하게 얘기하자면 여기에 미래의 인문학의 가능성 중 하나가 있다고 본다. 이공계 학자는 유익한 지식을 제공한다. 그들은 그 지식을 팔 수 있다. 하지만 인문계 지식은 상품 가치가 없다. 그런 고민을 많이 듣는다.

그렇다면 인문계 학자는 지식 자체를 파는 것이 아니라 고객이 이미 갖고 있는 지식에 '사실 …였다'는 발견을 가미해 묵은 지식을 새 현실에 적응시키는 '정정하는 경험'을 파는 것이라고 생각하면 어떨까?

TED라는 유명한 국제 강연회가 있다. 다양한 분야의 전문가가 짧은 시간에 강연을 하는 것으로 널리 알려져 있다.

나는 종종 농담 삼아 "TED에서 3분에 끝낼 얘기를 겐론 카페에서는 3시간에 걸쳐 논한다"고 얘기하곤 한다. 지식을 파는 것이라면 시간은 짧으면 짧을수록 '시간 효율'이 좋다. 하지만 내가 하고 싶은 것은 지식을 파는 것이 아니다. 체험을 파는 것이다. 그래서 긴 시간이 필요하다.

정정하는 힘이란 대화하는 힘이기도 했다. 오랜 시간을 들여 얘기를 나누면 그만큼 사람은 이래저래 쓸데없는 말을 하게 된다. 그 쓸데없다고 여긴 정보가 청중을 자극해 개개인의 머릿속에서 이런저런 연상을 불러일으킨다. 이런 경험은 인공지능 사회가 되는 미래 사회에서 더욱 귀중한 것이 될 것이다.

우리는 '가성비'와 '시간 효율'을 중시하는 시대를 살고 있다. 하지만 메시지를 효율적으로 전달하는 것만으로는 결코 도달할 수 없는, 의사소통을 뿌리에서 지탱하는 힘이 있다. 그것이야말로 정정하는 힘이고, '사실 …였다'는 감각이며, 작가성=고유명사의 힘이다. 그리고 그런 힘을 제공할 수 있다면 새로운 사업의 원천이 될 수 있다.

이 장의 정리

이번 장에서는 바흐찐, 크립키, 비트겐슈타인, 포퍼 등의 사상가를 참조하면서 정정하는 힘의 철학적인 측면을 살펴보았다.

정정하는 힘의 핵심은 '사실 …였다'는 발견의 감각에 있다. 사람은 새 정보를 얻었을 때 현재의 인식을 새로이할 뿐만 아니라 '사실 …였다'며 과거의 정의로 되돌아가 개념의 역사를 머릿속에서 고쳐 쓸 수 있다. 인간이나 집단의 정체성은 이와 같은 현재와 과거를 잇는 '소행遡行[8]적 정정의 역동성' 없이는 성립하지 않는다.

이 역동성은 인문학의 역할과도 깊은 관련이 있다. 자연과학은 포퍼가 주창한 반증 가능성의 원리에 기반한 반면, 인문학은 정정 가능성의 원리에 기반한다. 전자에서는 과거가 리셋되고, 후자에서는 과거가 정정된다.

모든 콘텐츠가 인공지능으로 제작 가능해지는 시대에는 오히려 작가성이 중요해진다. 작가성은 '사실 …였다'는 감각이 만들어내는 것으로, 정정하는 힘에 기반하고 있기 때문이다. 인공지능에는 그런 힘이 없다. 따라서 인공지능의 시대에도 정정하는 힘을 사유하는 인문학의 의의가 퇴색하는 일

8 '소행'은 거슬러 올라감을 가리키는 한자어다.

은 결코 없다. 오히려 새로운 사업을 창출할 가능성을 품고 있다.

다음 장에서는 앞서 언급한 개인적 경험을 더 구체적으로 논하면서 '정정하는 힘'을 인생에 응용하는 방법을 다루도록 한다.

3장 친밀한 '공공권' 만들기

시사, 이론, 실존

지금까지 시사 문제부터 철학적 논의까지 다양한 화제를 다루었다. 〈들어가며〉에서 언급한 것처럼 철학은 '시사', '이론', '실존'의 세 요소를 필요로 한다.

과거에 마르크스주의가 지지를 받았던 것은 이론이 매력적이었을 뿐만 아니라 이 세 요소가 균형을 이루었기 때문이라고 생각한다. 마르크스주의에는 혁명의 이론이 있고, 일상적인 정치 문제에 대한 처방전이 있으며, 나아가 '너도 혁명 전사로 살아가라'는 실존적 메시지도 있었다. 사상은 이론만으로는 힘을 지니지 못한다.

그런데 최근에는 이 세 요소를 두루 갖춘 언어가 매우 드물다. 셋 중에 두 요소를 갖춘 언어는 있다. 예를 들면 시사와 이론의 조합이 있다. 최근의 윤리 기준에 따르면 장관의 이러이러한 발언은 용납될 수 없다는 식의 논의가 그렇다. 이런 언어를 구사하는 사람은 리버럴파를 중심으로 인터넷에 많다. 그들의 분석은 타당할 때도 있으나 유감스럽게도 가차 없이 사회 비판을 하는 것에 비해 본인은 대학에 근무하는 등

안정된 자리에 있는 사람이 많다. 본인의 삶, 즉 실존과의 연결이 결여되어 있어 어딘지 모르게 인간미가 느껴지지 않고, 지지를 받지 못한다.

다른 한편, 시사와 실존의 조합은 보수계 문예 평론가 등에 많다. 그들은 열정적으로 정치와 사회를 논하지만 배후에 이론이 없다. 그래서 언어가 널리 퍼지지 않는다. 정치적 입장은 다르지만 트위터에 많이 있는 리버럴파 작가, 연예인, 뮤지션도 분류하자면 여기에 해당될 것 같다.

마지막으로 이론과 실존의 조합은 희소하긴 한데, 역사적으로 보면 일본 문예 비평의 본류라고 할 수 있다. 난해한 문제를 계속해서 고민하는 그 '삶의 태도'가 비평이라는 스타일인 것이다. 현역 비평가 중에서는 가라타니 고진柄谷行人(1941년생)이 전형적이다. 인터넷에서 애니메이션이나 게임의 평가를 둘러싸고 기탄없이 논쟁을 벌이는 젊은 남성들은 — 이유는 모르겠지만 남성이 많다 — 그 예비군이다.

시사, 이론, 실존의 세 동그라미가 일부 포개지는 벤다이어그램으로 나타내, 일본의 지식인을 매핑하면 흥미로운 결과나 나올 것 같다. 세 동그라미가 겹치는 곳에 있는 사람은 거의 없다. 나는 바로 그곳에서 이 책을 쓰고 있다. 정정하는 힘에 관한 사유는 세 영역을 모두 연결지을 수 있다.

1장에서 제시한 바와 같이, 정정하는 힘은 현재의 일본 사회에 필요한 힘이고, 2장에서 논한 바와 같이, '의식이란 무엇인가, 언어란 무엇인가, 법이란 무엇인가'와 같은 이론적

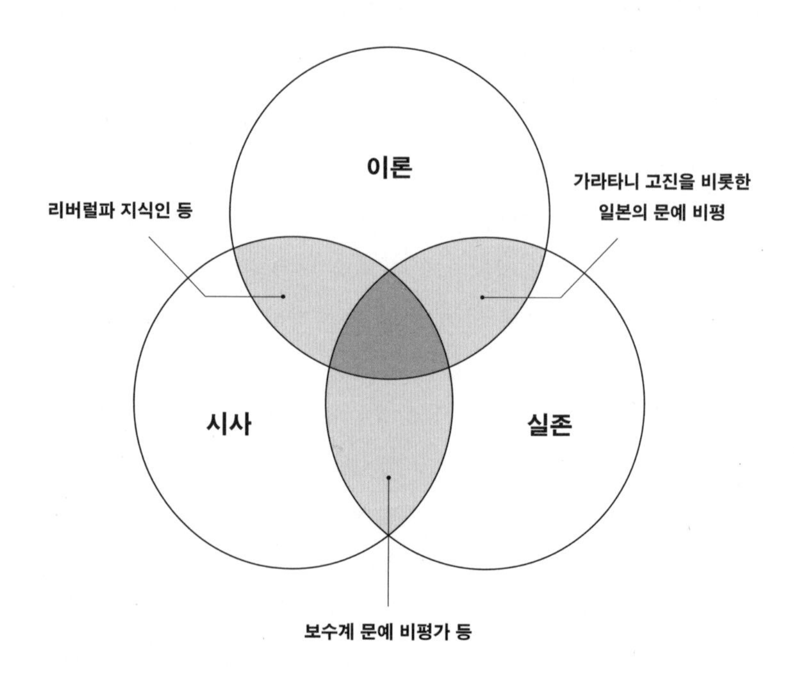

문제와도 관련이 있다. 그리고 앞으로 이야기할 것처럼 정정을 의식하는 것은 삶의 방침이 되기도 한다.

정정하는 힘은 경영의 철학이다

개인적인 경험부터 얘기하자. 몇 차례 언급한 것처럼 나는 작은 회사를 경영하고 있다. 회사 이름은 '겐론'으로 2023년 4월에 창업 13주년을 맞이했다.

2장에서 다룬 '겐론 카페'는 이 회사가 운영하는 이벤트 스페이스다. 겐론은 처음에는 출판사로 시작했지만 그 후 여러 변화를 겪었고, 지금은 소설 쓰는 법을 배울 수 있는 시민 강좌를 열거나 이벤트 스페이스를 경영하거나 독자적인 인터넷 방송 플랫폼을 개발하는 등 다각적으로 사업을 펼치고 있다.

정정하는 힘의 사상은 이 회사를 경영한 경험 없이는 태어나지 못했다. 1장에서 논한 것처럼 정정하는 힘은 지속하는 힘이다. 회사를 계속 운영하려면 회사 자체가 변화해야 한다. '우리는 가치 있는 일을 하는데 왜 이익이 늘지 않지?'라는 식의 고집불통의 발상을 가졌다간 회사는 망한다. 그래서 정정이 필요하다. 회사를 경영하면서 이를 실감했다.

하지만 이와 동시에 '우리는 변치 않고 같은 꿈을 꾼다'고 믿는 것도 중요함을 배웠다. 그렇지 않으면 비전이 없는 경영을 하게 된다. 이는 2장에서 논한 언어게임과 같다. 게임의 규칙은 계속해서 바뀐다. 하지만 이를 '같은 게임'으로 여긴다. 이것이 바로 경영의 철학이다.

겐론을 경영하며 겪은 이런저런 에피소드는 2020년에 간행한 《겐론 전기ゲンロン戦記》라는 책에서 자세히 밝혔다. 흥미를 느낀 독자는 이 책을 읽어보기 바란다. 여기에서는 이 책의 주제와 관련된 부분만 짧게 소개하겠다.

사장 교체라는 '정정'

우선 가장 큰 정정의 경험은 사장 교체였다. 겐론은 내가 창업한 회사지만 지금 나는 대표를 맡고 있지 않다.

직접적인 계기는 2018년 말 내가 정신적으로 불안정한 시기에 경영 상태도 악화되어 회사를 접기로 결단한 것이다. 이때 당시 부대표였던 러시아 문학자 우에다 요코上田洋子(1974년생)의 설득으로, 그녀가 대표를 맡고 회사를 유지하기로 했다.

창업할 때는 이렇게 될 줄 생각도 못했다. 애초에 겐론은 내가 하고 싶은 일을 하기 위해 만든 회사다. 그런데 내가 대표를 그만둔다면 무엇을 위해 회사가 존재하는지 알 수 없게 된다.

하지만 되돌아보면 이때 사장을 교체하기를 정말 잘했다. 우에다는 직원을 잘 다루고 매출도 올렸는데(뒤집어 생각하면 내게 경영 능력이 부족했다는 것이니 개인적으로는 충격이기도 했다), 무엇보다 겐론이라는 회사의 활동 폭이 넓어졌다. 내가 사장이었을 때 겐론은 어디까지나 나에 의한 나를 위한 내 회사였다. 그것이 바뀌었다. 과거에 펼친 사업의 역할도 바뀌었다. 그야말로 정체성의 정정이다.

토크 이벤트를 발견하다

또 하나 큰 계기가 된 것은 더 옛날 일이 되는데, 2013년 2월에 겐론 카페를 오픈한 것이다.

겐론은 원래 출판사의 길을 걸을 생각이었다. 나 자신이 문필업으로 살아온 인간이고 그닥 사교적인 성격도 아니기 때문에 점포 경영 같은 것은 생각한 적도 없었다. 왜 토크 스페이스를 만들었냐면, 당시 사원 중에 적극적인 사람이 한 명 있어 그에 이끌려 어쩌다 보니 시작하게 되었다.

그런데 시작해보니 굉장히 평판이 좋은 것 아닌가? 토크 스페이스도 호평이었을 뿐만 아니라 개점하고 반년쯤 후에 니코니코 생방송[1]에서 토크 이벤트를 방송하게 되자 상당한 수익을 얻게 되었다. 그 후 방송 매출은 코로나19 유행기에 급성장해 지금은 겐론을 지탱하는 경영의 축이 되었다.

말 그대로 사업 내용을 정정하게 되었는데, 그뿐이 아니다. 실은 겐론 카페에서는 이벤트 시간에 제한을 두고 있지 않기 때문에 심야까지 여섯 시간이고 일곱 시간이고 논의가 계속되는 일도 드물지 않다.

이 또한 결코 처음부터 계획한 것이 아니다. 하지만 등단자가 이렇게 긴 시간 동안 즐겁게 얘기하는 것을 매일 보고 있자면, 대화와 소통의 본질에 대해 이래저래 생각하게 된다. 2장에서 소개한 바흐찐과 크립키의 독해는 겐론 카페에서의 경험이 없었다면 내놓지 못했을 것이다.

즉, 내 스스로의 철학이 겐론에서의 경험을 통해 정정된 것이다. 최근에는 인터뷰에서 "겐론이라고 하면 사람이 모여 긴 시간 얘기를 나누는 곳으로, 이것이 아즈마 철학의 핵심과 관련되어 있는 거죠?"라는 말을 자주 듣게 되었다. 대체로

1 '니코니코 생방송'은 일본의 IT기업 도완고(DWANGO)가 운영하는 동영상 서비스 '니코니코 동영상'이 제공하는 생방송 서비스다.

"네" 하고 수긍한다.

하지만 사실 처음 시작할 때 그런 생각은 없었다. 결과적으로 이런 일을 하게 되었고 지금 같은 생각을 갖게 된 것일 뿐이다. 하지만 현시점에서 과거 저작을 다시 읽어보면 지금 하는 일을 예고하고 있는 것처럼도 읽힌다. 과거를 소행적으로 정정하게 되는 것이다.

고유명사가 되어라

이처럼 내게 있어 겐론 경영의 경험 전체가 '정정하는 힘'의 원천으로 작용한다. 자신의 한계를 깨닫고 인생을 되돌아보며 과거에 무엇을 해왔는지, 앞으로 무엇을 할 수 있는지를 새로운 관점에서 정정하는 기회를 얻었다. 40대가 되어 그런 기회를 얻은 것은 커다란 행운이었다.

이런 기회를 얻으려면 어떻게 해야 할까? 우선 열쇠가 되는 것은 2장에서 다룬 고유명사다. 고유명사가 되지 않으면 '사실 …였다'는 발견을 가져오는 시선에 노출되지 않는다. 타자가 자신을 고유명사로 여기지 않으면 자기 인생도 정정할 수 없다. 따라서 정정하는 힘을 자기 것으로 만들려면 우선 고유명사가 되기 위해 노력해야 한다. 더 자세히 설명하자면 여기서 고유명사가 되라는 것은 결코 유명해지라는 뜻이 아니다. 주변 사람에게 직업이나 직책 같은 속성으로 자신을 보게 하는 것이 아니라 '속성을 뛰어넘은 누군가'로 판단받을 수 있는 환경을 만들라는 것이다.

잉여 정보를 만든다

다시 겐론 카페를 예로 들어 설명하겠다. 이벤트 시간에 제한을 두지 않는 이유 중 하나는 내가 애초에 매스미디어에서 전문가를 다루는 방식에 위화감을 느꼈기 때문이다.

TV 보도 프로그램에서는 전문가가 짧으면 몇 분, 길어야 10~15분만 이야기해 지식을 전달하고 그 역할을 다하는 경우가 대부분이다. 공중파 TV라면 시청자가 몇백만 명이나 되니 그것도 의미가 있을지 모른다. 하지만 겐론 카페에는 같은 방식을 도입해봤자 별 소용이 없다. 애초에 지식을 전달하기만 할 것이라면 블로그나 책을 읽어달라고 하면 된다. 등단자가 몸소 와주었으니 그 사람의 육체가 그 자리에 존재하는 것의 의미를 만들어내야 한다고 생각했다.

달리 말해 등단자의 주장과는 별개로 겐론 카페에서는 '잉여 정보'를 느꼈으면 했다. 몸짓이어도 좋고, 뜻밖의 잡담이어도 좋으며, 매스미디어에서 보여주는 모습과 다른 편안한 표정이어도 좋다. 이런 잉여가 있기에 '사실 …였다'는 발견이 일어날 수 있다. 그리고 이를 위해서는 시간이 필요하다. 그래서 겐론 카페의 이벤트는 시간이 길다.

이 운영 방침을 검토하면 정정하는 힘을 갖기 위한 방법이 보인다. 중요한 것은 '잉여 정보'다. 친구나 회사 동료와의 관계에서 얼마나 '잉여 정보'를 만드는지가 열쇠다.

주어진 일을 하고, 상대방이 기대하는 역할을 하는 것만으로는 사람은 당신을 고유한 존재로 여기지 않는다. 고유명사가 되기 위해서는 그런 기대와는 무관한 영역에서 상대방이 교환 불가능한 존재라고 여기게 해야 한다.

이는 특별한 능력을 보이라는 것이 아니다. 오히려 그 반대다. 애초에 사람은 누구나 교환 불가능한 고유한 존재다. 이를 평소에는 느끼지 않을 뿐이다.

일상생활에서는 시간이 한정되어 있기 때문에 사람은 모두 필요한 정보만 교환한다. 따라서 서로가 '저 사람은 몇 살이고, 이런 일을 하고 있고, 직책은 이거고, 취미는 저거고, 이런 느낌의 사람' 하고 유형을 분류하고는 사람들과 교류했다고 생각한다. 그뿐 아니라 자기 자신조차도 스스로를 그런 유형에 가두어 타인의 기대에 부응하기만 하는 존재가 되고 만다.

이런 보호막을 부수면 인간은 모두 저절로 교환 불가능한 존재가 된다. 그러면 상대방이 알아서 '사실 …였다'고 당신을 발견해준다. '잉여 정보'가 필요한 것은 이런 이유다.

주변에 '잉여 정보'의 장을 만드는 것. 이를 위해 시간적 여유를 갖는 것. 이것이 정정의 지렛대가 되어준다.

교환 불가능한 존재가 된다

나는 항상 내 이미지가 정정되기를 바라고, 다른 사람의 이미지도 정정하고 싶다. 대화를 마치고 상대방이 '아즈마는 실은 이런 사람이었구나' 하는 생각을 갖게 되고, 나도 '이 사람은 실은 이런 사람이었구나' 하고 생각하게 되는 것. 이것이 생산적인 대화일 것이다.

이런 생각을 갖고 있어서 어느 시기부터 전혀 매스미디어에 나가지 않게 되었다. 지금의 논단은 논객에게 전문가의 역할만을 요구한다. 코로나가 유행하면 공중위생 전문가, 우크라이나 전쟁이 일어나면 국제정치 전문가, 각 사건에 따라 전문가가 매스미디어에 등장하는데, 누구도 그들의 인간적 측면에는 관심을 보이지 않는다. '잉여 정보'는 노이즈일 뿐이다.

하지만 나는 그런 일은 재미가 없다. 재미가 없을 뿐만 아니라 리스크가 높다고 본다. 왜 리스크가 높을까? 전문가로서 독자나 매스미디어의 기대에 계속 부응하다 보면 상황 변화에 적응하지 못할 수 있기 때문이다. 이 책에서의 표현으로 쓰자면 '정정될 가능성'을 잃어버리고 만다.

보수파든 리버럴파든, 지금 이런 이유로 꼼짝달싹 못하게 된 논객이 많다. 아베 정권을 지지하는 논조로 보수 잡지에 기고하던 사람은 아베 전 총리가 죽은 후에도 방침 전환을 못하고 있다. 반대로 리버럴파도 2022년 9월의 국장 반대 운동[2]에서 볼 수 있었던 것처럼 비판 대상이 죽었음에도 불구하고 '반아베'를 계속 외치는 사람이 여럿 있었다. 궤도 수정을 못하고 있는 것이다.

2 '국장 반대 운동'은 아베 전 총리가 암살된 후 그 장례를 국장으로 치르는 것에 반대하는 사람들이 일으킨 운동이다.

사회 상황은 계속해서 바뀐다. 여론도 극히 무책임하다. 어떤 때는 정의로 여겨지던 것이 몇 년 후에는 판단이 뒤집히는 일도 부지기수다. 변화를 모두 예상해 시기가 각기 다른 발언들 사이에 모순이 없게 하는 것은 불가능하다. 실제로 논객은 그런 변화에 대처해 계속해서 정정해나갈 필요가 있다. 그럼에도 그들이 궤도 수정을 하지 않는 이유는 만약 궤도를 수정하면 지지자를 잃고 만다는 공포 때문일 것이다. 입장을 고수하려다 현실에 적응하지 못하고 있는 것이다.

다르게 표현하자면 정정 가능한 존재가 된다는 것은 교환 불가능한 존재가 된다는 말이기도 하다.

예를 들어 몇 년 전까지 러시아 정세의 전문가 하면 전 외무성 주임분석관 사토 마사루佐藤優(1960년생)[3]였다. 그는 우크라이나 전쟁이 시작된 후 친러시아적이라 하여 비판의 대상이 되었다. 그럼에도 그는 여전히 활동하고 있다. 이것이 가능한 이유는 '사토가 하는 말이라면 들어봐야지'라는 신뢰가 있기 때문이리라. 달리 말해 사토는 교환 가능한 전문가가 아니라 '사토 마사루'라는 고유명사로 존재하고 있는 것이다.

3 사토 마사루는 일본의 작가이자 전 외교관이다. 고등학생 때 '일본사회주의청년동맹'의 일원으로 좌익 운동을 했었고, 대학 졸업 후에는 외무성 소속 외교관이 되어 소련 붕괴 시기에 모스크바에서 업무에 임하며 큰 활약을 보였다. 일본과 러시아 관계에 중요한 역할을 했으나 정치적 알력 때문에 2002년 배임 혐의 등으로 체포되어 유죄판결을 받아 외교관직을 잃는다. 그 후 외교, 시사, 사상, 문화 등 다양한 분야의 저서를 집필해 작가로 활동 중이다.

나는 사토의 정세 분석이 꼭 맞다고는 생각하지 않는다. 하지만 지금과 같은 지위를 만들어낸 것은 대단하다고 생각하며, 이는 그가 러시아 분석 이외의 '잉여 정보'를 많이 표출해왔기 때문에 가능했다고 본다. 국제정치학자가 보기에는 불쾌한 일일지도 모르나 이 또한 글과 말의 힘이다. 전문가는 이럴 때 교환 가능하기 때문에 약한 존재가 되고 만다.

'정정하는 사람들'을 모은다

1장에서 정정하는 힘은 나이 듦의 힘이라고 했다. 실제로 나이를 먹을수록 과거의 자신과 현재의 자신 간의 차이가 커진다. 이에 실망하는 사람도 생긴다.

이와 같은 위기를 극복하려면 정정하는 힘을 이용해야 한다. 자기 주변에 '잉여 정보'를 흩뿌려 '사실 …였다'는 회로를 마련함으로써 함부로 타인이 역할을 강요하지 못하게 하는 것. 주변 사람이 자기를 '재발견'할 수 있는 환경을 만드는 것. 이는 나이를 먹어가면서도 인간관계를 유지하기 위해 반드시 필요한 전략이기도 하다.

다만, 이 논의가 "무슨 말을 해도 믿어주는 사람을 만들라"는 얘기가 아니라는 점을 유의하기 바란다. 자기 행동을 하나하나 관찰하며 좋고 나쁨을 판단해 사람을 사귀는 인간만 있다면 인생은 답답해진다. 하지만 반대로 무엇을 해도 믿어주는 사람만 주위에 있다면 성장할 수 없다. 강조하고 싶은 것은 그 중간이 중요하다는 점이다.

이는 어려운 얘기가 아니다. 예를 들어 당신이 과거에는 리버럴파였지만 조금씩 보수적인 주장을 하게 되었다고 치자. 이럴 때 고집스러운 독자는 "리버럴파인 줄 알았는데 보수로 전향하다니 실망했다"는 반응으로 끝이다. 한편, '신자'[4]는 "무조건 믿습니다" 식의 태도를 보인다. 이 둘 모두 의미가 없다. "당신은 리버럴파인 줄 알았는데 실은 보수적인 면도 있었네요. 그러고 보면 과거에 당신이 했던 이런 발언이나 저런 발언도 그런 맥락에서 이해할 수 있을 것 같아요" 하고 '사실 …였다'는 정정의 논리로 당신의 일관성을 재발견해주는 사람이 가장 좋다. 그런 사람이 없다면 안심하고 변화할 수 없다.

정정하는 사람은 신자가 아니므로 어쩌면 당신에게 실망하고 곁을 떠날지도 모른다. 그러나 그것이 추상적인 이데올로기에 의한 것이 아니라 개별적인 판단에 의거한 것이라면 그를 통해 배울 여지가 있다. 당신에 대한 피드백이 되어 새로운 정정의 계기가 될 수 있는 것이다.

인생은 자기를 속성으로 판단하는 사람들 속에서는 결코 풍요로워질 수 없다. 언제까지나 기대에 부응하는 삶을 살아야 하기 때문이다. 그렇다고 주변에 신자들만 있다면 답답해질 뿐이다. 풍요로운 삶을 살기 위해서는 자신의 가치를

4 종교에서 널리 쓰이는 '신자'라는 용어가 현대 일본에서는 특정한 인물을 무조건 지지하고 신봉하는 사람을 가리키는 말로도 쓰이고 있다.

'사실 …였다'는 형태로 몇 번이고 재발견해주는 '정정하는 사람들'이 필요하다.

신자가 모이는 것을 피한다

삶은 정정하는 힘으로 풍요로워진다. 자신의 이미지가 타인 속에서 끊임없이 정정되고, 타인의 이미지도 자기 안에서 끊임없이 정정되어가는 유연한 환경이 삶을 수월하게 해주기 때문이다.

조금 전 나는 겐론이라는 회사가 내게 그런 장소가 되었다고 했다. 이번에는 왜 그것이 회사라는 형태를 취했는지 설명해보자.

지금까지의 얘기로 알 수 있듯이 서로 정정해주는 관계는 상당히 친밀한 관계에서만 성립한다. 정정하려면 '잉여 정보'가 필요하고, 생각할 시간이 필요하며, 시행착오를 받아들이는 신뢰 관계가 필요하기 때문이다.

그렇다고 해서 소수의 '정정하는 사람들'을 모아 그들하고만 친밀한 관계를 맺으면 되냐면 꼭 그렇지는 않다. 그런 관계는 쉽사리 신자로 구성된 닫힌 관계로 변질되고 만다. 이는 나 자신이 회사를 만들기 전에 경험한 일이기도 하다.

따라서 우리는 다음 단계로, 이러한 친밀한 관계를 친밀함을 훼손하지 않으면서 키워가는 수단을 생각해야 한다. 이것이 가능할 때 비로소 정정하는 힘은 사회를 바꾸는 힘으로 변한다.

조직을 만든다

친밀함을 유지한 채로 규모를 키운다니 무슨 말일까? 어려운 일이 아니다. 조직을 만들면 된다.

알다시피 '조직'은 영어로 organization이다. 이 말은 유기체organism라는 말과 관련이 있다. 또, 기관organ과도 어원이 같다. 즉, 조직이란 작은 친밀한 관계를 갖는 집단이 많이 모여 커다란 집합체를 형성하는 것을 가리키는 말이다. 조직을 만들었을 때 비로소 정정하는 힘은 열린 성격을 갖게 된다. '사실 …였다'는 발견이 타자와 공유할 수 있는 것이 되고, 집단의 정체성이 역동성을 띨 수 있게 된다.

조직이라는 말은 사상 분야에서 평판이 좋지 않다. 과거에 공산당이 '당조직'이나 '세포' 같은 생물학적 비유를 활용해서인지도 모르겠다. 1970년대에 큰 영향력이 있었던 프랑스 철학자 질 들뢰즈와 펠릭스 가타리는 인간의 관계성은 '기관 없는 신체'와 같은 것이 되어야 한다고 주장한 바 있다. 전체를 위에서 관리하는 것이 아니라, 개체가 개체인 채로 즉흥적으로 모였다 헤어지고, 헤어졌다 모이는 '조직 없는 운동'이 이상적이라는 말이다.

조직과 동원

이와 같은 '조직 없는 운동'의 이상은 인터넷 시대에 들어서 전 세계의 현실이 되었다. SNS를 활용한 동원이 그렇다.

알기 쉬운 구호를 확산시켜 일시적으로 사람들을 동원

한다. 참가 자격은 묻지 않으며, 이데올로기도 정해져 있지 않다. 일부러 조직을 만들지 않는다. 일본에서도 2015년 안보법제 반대를 목적으로 결성되어 카리스마적 존재가 된 학생단체 'SEALDs'[5]가 바로 이런 전략으로 지지를 모았다.

하지만 나는 그런 방법론에 부정적이었다. 왜냐하면 그런 방식의 운동은 지속되지 않기 때문이다. 실제로 SEALDs는 매스미디어가 그렇게 비중 있게 다루었는데도 다음 해에 해산하고 말았다.

왜 그렇게 되었을까? 바로 그런 방식의 운동에서는 '사실 …였다'는 재정의가 발휘되지 않기 때문이다. 정정하는 힘이 깃들지 않는다.

정정하는 힘이 깃들기 위해서는 지속하는 조직이 필요하다. 일정한 수의 사람을 고객으로 받아들이고, 금전을 주고받고, 그러면서 동시에 친밀한 관계를 지키려고 하기 때문에 "실은 우리가 해야 했던 것은 …이 아닐까"라는 반성을 하게 된다. 이렇게 해서는 수익성이 없다, 이렇게 해서는 사람들이 따라오지 않는다 하는 시행착오를 거칠 수 있다. SEALDs가 매스미디어에서 회자될 때 나는 겐론을 경영하면서 그런 생각을 하고 있었다.

5 'SEALDs'는 '자유와 민주주의를 지키기 위한 학생 긴급행동(Students Emergency Action for Liberal Democracy)'의 약칭으로, 2015년부터 2016년까지 활동한 일본의 학생운동단체다. 당시는 아베 정권 시대로 특정비밀보호법 통과 반대, 집단적 자위권 행사 반대를 기치로 정권 반대 운동을 주도했다.

2장에서 리셋/정정의 대립을 언급했다. 이를 원용하자면 '기관 없는 신체'의 동원은 리셋의 운동론이다. 매번 제로부터 시작한다. 기억도 없다.

반대로 조직은 정정의 운동론이다. 과거의 실패를 기억하고 "실은 우리가 해야 했던 것은 …이 아닐까" 하고 계속해서 반성해간다. 내가 겐론에서 해온 것은 바로 이러한 반성의 연속이었다.

루소의 연극 부정론

정정하는 사람들의 공동체가 신자의 공동체로 타락하는 것을 피하면서 정정하는 힘을 온전히 지키려면 '사실 …였다'는 발견을 통해 계속해서 재정의되는 조직을 만들거나, 그런 조직에 속해 있어야 한다.

조금 다른 각도에서 생각해보자. 사회학에서는 친밀권intimate sphere과 공공권public sphere이라는 대립으로 세상을 바라본다. 이 대립을 조금 억지로 적용해보면, 정정하는 사람들의 공동체는 '친밀한 공공권'이라고 불릴 만한 양의적 존재다.

사회는 이와 같은 친밀한 공공권이 여럿 있어야 풍요로워진다. 《사회계약론》을 써서 프랑스혁명에 영향을 끼친 것으로 알려진 18세기 사상가 장 자크 루소는 《연극에 관해 달랑베르 씨에게 보내는 편지》라는 글을 남겼다. 루소는 여기에서 연극을 부정한다. 왜 부정해야 했을까? 이는 지금도 자극적인 논쟁거리다.

루소는 제네바 출신이다. 제네바는 현재 스위스의 도시지만 당시에는 작은 독립국가였다. 칼뱅이 16세기에 종교개혁을 시작한 도시로 프로테스탄트의 오랜 전통이 있어 이를 긍지로 여겼다. 그곳에서는 연극이 금지되어 있었다. 그런데 당시 프랑스에서는 연극이 크게 유행했다. 이 새로운 예술의 대두는 계몽주의와 밀접한 연관이 있었다. 따라서 제네바의 가난한 보수층은 아무래도 연극을 부정적으로 보았고, 리버럴한 상류 계급은 연극을 허용해야 한다고 주장하며 대립 관계에 있었다.

이런 상황 아래 달랑베르라는 프랑스 계봉 사상가가 "제네바는 좋은 도시지만 극장이 없는 것이 옥의 티니 극장을 만들 것을 권장한다"는 취지의 글을 발표했다. 여기에 루소가 격노한 것이다.

'세르클'이 무너진다

즉 현대 일본식으로 얘기하면 보수 대 리버럴, 로컬 대 글로벌의 대립이 연극 도입의 찬반이라는 형태로 표출된 것이다. 이 구도에서 루소는 단호히 제네바 편에 섰다. "우리 도시를 파괴하지 마라"며 말이다.

왜 반대했을까? 루소는 극장을 만들려면 돈이 들고, 극장이 생기면 사람들이 허례허식에 물들어 사교 활동만 하게 될 것인데, 이것이 문제라고 썼다. 하지만 그뿐이 아니다.

루소에 따르면 당시의 제네바에는 '세르클cercle'이라는 모임이 많이 있었다고 한다. 일본어판 전집은 '세르클'이라고 프랑스어 발음을 본떠 표기했지만, 영어로는 서클circle이다.

남성 12~15명 정도의 모임으로 함께 놀거나 소풍을 간다. 아내들도 아내들끼리 모인다. 작은 동네 반상회 같은 그런 모임이 당시 제네바에는 많이 있어 통치의 기초를 이루고 있었다. 루소는 연극이 바로 이 세르클을 망가뜨리기 때문에 반대했다.

이는 오늘날에도 시사하는 바가 있다. 당시의 연극은 기존의 오락거리와는 다른, 거대한 새 오락산업이었다. 이것이 외국에서 들어오게 된다면 모두의 관심이 순식간에 이 오락에 쏠리고 만다. 지금까지 존재했던 작은 교류가 점점 사라지고, 연극에 대한 이야기만 나누게 된다. 루소는 이를 우려했다.

지금 바로 이와 똑같은 현상이 일어나고 있다. 모두가 유튜브 얘기만 한다. 트위터만 본다. 친밀한 공공권이 무너져간다. 정정하는 힘이 기능하려면 다시 이를 재건해야 한다.

폐쇄적/개방적이라는 대립은 무의미

앞서 말한 것처럼 조직이라는 말은 요즘 평판이 좋지 않다. 폐쇄적이라는 이미지가 있기 때문이리라. 하지만 나는 어떤 집단에 대해 폐쇄적/개방적이라는 구분을 하는 것 자체가 무의미하다고 본다. 왜냐하면 그런 판단은 상황이나 관점에 따라 얼마든지 바뀌기 때문이다.

예를 들어 가족에 대해 생각해보자. 가족은 일반적으로 매우 닫힌 집단으로 인식된다. 가족의 압력으로부터 벗어나고 싶어 하는 사람도 많다. 그러나 실제 가족 안에는 반드시 세대의 다양성이 있고, 성적 다양성이 있다. 남학교나 여학교의 같은 학년으로 구성된 집단보다 훨씬 열려 있다고 볼 수도 있다.

그렇다면 학생 집단은 폐쇄적일까? 클럽 활동을 생각해보자. 같은 연령대, 같은 성별의 사람들이 모두 함께 야구나 축구를 한다. 아무리 생각해도 닫혀 있다. 하지만 그런 집단에도 구성원의 가족 구성이나 경제적 환경에 주목하면 다양성을 발견할 수 있다.

반대로 열려 있는 다양한 관계를 표방하고 있지만, 실제로는 매우 폐쇄적이고 획일적인 예도 있다. 소위 '리버럴 동네' 문제가 대표적이다.

2017년에 노벨문학상을 수상한 소설가 가즈오 이시구로는 2021년의 인터뷰에서 리버럴적인 지식인은 전 세계를 누비며 국제적인 척하지만, 실은 어디에 가서도 비슷한 계층의 사람들하고만 만나고, 같은 화제만 얘기하고 있으니 더 자기 주변 사람들을 깊이 이해할 필요가 있다고 말했다. 인터넷에서 상당히 화제가 되어 아는 독자도 있을 것이다.

나도 국제회의에 출석하거나 해외 대학교에 초청돼 강연을 한 적이 몇 번 있는데, 이 의견에 전적으로 동의한다. 지식인이 지식인과 만나서 나누는 얘기는 국경을 넘어가도 놀라우리만큼 똑같다. 열린사회를 추구하는 리버럴파가 실은 가장 닫혀 있다.

따라서 나는 어떤 집단의 질을 폐쇄적/개방적이라는 잣대나 다양한지 여부를 기준으로 판단하는 것이 본질적이라고 여기지 않는다. 오히려 그 안에서 '사실 …였다'라는 정정하는 힘이 작용하는지, 즉 사람을 고유명사로 여기는지가 더 중요하다고 생각한다.

'귀염성'의 힘

상대방을 고유명사로 본다는 것은 상대를 교환 가능한 존재로 여기지 않는다는 것을 뜻한다. 자기가 예상한 것과 다른 점이 있어도 바로 실망하고 거리를 두는 것이 아니라 '사실 …였다'는 논리로 오히려 상대방의 이미지를 정정하며 이해를 심화해간다.

주변으로부터 교환 불가능하다고 여겨지는 힘을 작가 히사다 마사요시久田将義(1967년생)는 '귀염성'이라는 말로 표현한다. '귀염성'을 획득하면 예상과 다른 행동이나 발언을 해도 그냥 받아들인다. 어느 정도 나이가 들면 이런 힘을 갖추지 않고는 살기 힘들어진다. 정정하는 힘은 귀염성을 획득하는 힘이기도 하다.

물론, 서로에게 고유명사가 되는 관계가 모든 점에서 좋은 것은 아니다. 예를 들어 여러분에게 자녀가 있다고 치자. 누구나 아이를 키울 때 나름의 이상이 있을 것이다. 하지만 현실에서 이상이 모두 실현되지는 않는다. 이상과는 동떨어진 아이로 클지도 모른다. 그렇다고 해서 아이를 교환할 수는 없다. 물론 아이도 부모를 고를 수 없다. 이와 같은 가족 관계 때문에 고통받는 사람이 많이 있다.

이것이 바로 교환 불가능성으로 인해 생기는 고통이다. 따라서 교환 불가능한 관계는 인간으로부터 자유를 앗아가는 경우도 있다. "가족은 모두 다 고통을 동반하는 폐쇄적 관계다. 모든 것이 교환 가능한 신자유주의가 지배하는 도시 공간에서 사는 편이 훨씬 편하다"는 의견도 있을 수 있다.

교환 가능성과 정정 가능성

교환 가능성과 정정 가능성. 모든 것을 교환할 수 있는 세계와, 아무것도 교환할 수 없고 정정할 수 있을 뿐인 세계. 어느 쪽이 좋은지는 쉽게 정할 수 없다.

중요한 점은 인간은 이 두 세계를 오가며 살아간다는 것이다. 지금 세상에는 교환 가능성을 높이는 것이 옳은 것이라고 주장하는 사람이 많다. 일을 못하는 종업원은 해고하면 되고, 직장이 싫으면 그만두면 되며, 학교가 싫다면 안 가면 된다 등등. 교환의 사상이 사람을 자유롭게 만드는 것은 분명하다. 무엇이든 '체인지'하면 되니까.

하지만 그것만으로 인생을 마지막까지 쾌적하게 살아갈 수 있냐면 그렇지 않을 것이다. 우리의 신체 자체가 교환 불가능하기 때문이다. 아무리 주위 환경을 계속해서 교환해갈 수 있더라도 모든 인간은 자기 자신과 처음부터 끝까지 같이 해야 한다. 자기를 '체인지'할 수는 없다.

달리 말해 세상에는 교환하는 힘만으로는 어찌할 수 없는 경우가 있다. 이때 우리를 자유롭게 해주는 것은 정정하는 힘뿐인 것이다.

기술로 사람을 잇는 세계

조직이라는 말이 평판이 좋지 않은 또 하나의 이유는 현대사회에서는 정보기술을 이용해 인간에 의한 개입 없이 무의식 차원에서 사람들을 관리하는 것이 옳다고 여기는 경향이 있기 때문이다.

2023년 초에 회전초밥 체인점 가게 안에서 고객이 지저분한 행동을 하는 동영상이 인터넷에 공개되어 물의를 빚은 사건이 여러 차례 일어났다.[6] 이 사태 이후 어느 체인점에서는 AI 감시 카메라를 도입하기로 결정했다는 보도가 있었다. 인공지능이 고객의 행동을 항상 감시하고 문제가 있으면 경보를 울리는 시스템이다.

이 보도가 있은 후 "교육 현장에 응용하면 집단 따돌림을 근절시킬 수 있다"는 의견이 대두되었다. 실제로 도입 가능

6 2023년 1월, 일본의 유명 회전초밥 체인점에서 고등학생이 가게에 구비된 간장에 침을 묻히는 등의 행위를 하고 그 동영상을 SNS에 올려 사회적 문제가 되었고, 이와 비슷한 사건이 많이 일어났다.

할 것이다. 가까운 미래에 모든 교실에 AI 카메라가 설치되고 인공지능이 학생의 행동 일거수일투족을 모두 기록하는 것이 현실이 될 수도 있다.

최근 20년 동안 감시에 대한 세상 사람들의 생각이 극적으로 바뀌었다. 2000년대 초에는 휴대전화에 GPS가 달려 있는 것은 기분 나쁘다, 번화가나 주택지에 감시 카메라가 있는 것은 프라이버시 침해다 등등의 주장이 제법 많았다. 지금은 도시 곳곳에 감시 카메라가 있고 이를 범죄 수사에 활용하는 것은 당연한 일이 되었다. 가족과 친구가 위치 정보를 공유하는 것도 일반적이라고 한다.

이처럼 AI 카메라에 기대를 하게 되었다는 것은 요즘 사람들이 '인간이 인간을 관리하는 것'에 불안감을 느끼고 있음을 방증하는 것이 아닐까? 그 대신 기계가 인간을 관리하는 것은 허용한다는 것이니까.

초밥집이라면 직원이 화를 내면 되고, 학교라면 교사가 감독하면 될 일이다. 하지만 이는 폭력으로 간주될 가능성이 있다. 괴롭힘이라고 반론당할 수 있다. 그러니 사람이 판단하는 것이 아니라 동영상이라는 '증거'와 함께 기계에 판단을 맡기는 것이 문제의 소지를 줄일 수 있다는 생각을 하게 된 것이리라.

사람은 서로를 이해할 수 없다

이런 추세에 비추어보면 이 책의 주장은 극히 반시대적

이다. 사람을 사람으로서 제대로 대하고, 사람들을 모아 조직을 만드는 것이 중요하다고 주장하고 있으니 말이다.

구닥다리라고 느낄 것도 같다. 하지만 하나 보충하자면 여기에서 내가 하고 싶은 말은 세상에서 자주 회자되는 "제대로 타자와 마주하자"는 설교와 비슷해 보이지만 사실은 다르다는 것이다.

나는 사람과 사람은 서로를 끝내 이해할 수 없다고 생각한다. 부모는 자식을 이해할 수 없고, 자식도 부모를 이해할 수 없으며, 부부도 서로를 이해할 수 없고, 친구도 서로를 이해하지 못한다. 인간은 결국 그 누구도 이해하지 못한 채, 누구에게도 이해받지 못한 채 고독하게 죽을 수밖에 없다. 할 수 있는 것이라곤 '이해의 정정'뿐이다. '실은 이런 사람이었구나' 하는 깨달음을 거듭해가는 것뿐이다. 이것이 내 세계관이다.

따라서 "조직을 만드는 것이 중요하다"는 말은 이와 같은 공간을 만들면 주변 사람들이 이해해줄 것이라거나 고독하지 않게 된다는 뜻이 아니다. 그런 의미에서는 겐론에서 활동하고 있지만 나는 여전히 고독하다.

중요한 것은 사람이 서로를 이해하는 공간을 만드는 것이 아니라, 오히려 영원히 "너는 나를 이해하지 못하고 있어"라고 서로 이야기하는 공간을 만드는 것이다. 2장에서 논한 바흐찐의 말을 빌려 쓰자면, 대화의 공간이다.

토크빌이 주목한 '떠들썩함'

이는 민주주의와도 관련이 있다. 이번 여름[7]에 《정정 가능성의 철학》이라는 책을 간행했다. 그 책 마지막에 《미국의 민주주의》라는 저서로 유명한 19세기의 프랑스 사상가 알렉시 드 토크빌을 다루었다.

토크빌은 미국의 민주주의가 왜 튼튼한지를 가장 먼저 사유한 사람이다. 여러 이유를 지적하고 있지만, 그중에서 최근 주목받고 있는 것은 '결사(자유로이 구성하는 단체)가 중요하다'는 지적이다. 미국에는 시민들이 자발적으로 구성한 모임이 많다. 그래서 민주주의가 튼튼하다는 것이다. 이는 앞서 말한 '조직이 중요하다'는 얘기와 비슷하다. 하지만 그뿐이 아니다.

결사에 비해 주목받지 못하고 있지만 토크빌은 '떠들썩함'에 대해서도 논했다. 정치적인 주장이든 비정치적인 주장이든, 미국에서는 여러 사람이 다양한 주장을 거리에서 호소하고, 그 주장을 실현하기 위한 단체를 만든다. 이것이 큰 힘이 된다는 것이다.

2장에서 민주주의는 진상에 대처하는 사상이라고 했다. 민주주의 사회는 '떠들썩한' 사회라는 토크빌의 관찰은 이와 동일한 의견이라고 본다.

7 2023년 여름을 말한다. 《정정 가능성의 철학》의 일본어판은 2023년 8월, 한국어판은 2024년 9월 출간되었다.

민주주의 사회는 정답을 요구하는 사회가 아니다. 여러 사람이 자기 나름의 논리에 따라 멋대로 '너는 나를 잘못 알고 있다'며 정정하기를 요구하는 사회가 민주주의 사회다.

일본의 잠재적 가능성

그렇게 생각하면 일본 사회도 비관적이지는 않다. 일본은 매우 단체가 많은 나라다. 그리고 '소란스러운' 나라다.

일본에는 대기업이 1만 개 있는 반면, 중소기업은 280만 개나 있다고 한다. 단카短歌, 하이쿠俳句,[8] 다도 등등 취미 모임도 수없이 많다.

전통문화만이 아니다. 만화와 애니메이션의 경쟁력을 뒷받침하는 것은 코믹마켓으로 대표되는 '동인지 문화'인데, 이 또한 모임의 문화다. 일본인도 소모임을 만들어 시끌벅적 떠드는 것을 좋아하는 사람들인 것이다. 1980년대까지는 회사도 일종의 단체로 기능했다. 직원 기숙사가 있고, 직원 여행이 있고, 사내 연애가 있었다. 이러한 일본 사회의 특성은 일반적으로 정치와 관계가 없다고 여겨진다. 하지만 의외로 중요한 요소가 아닐까?

이 관계는 이 책 마지막에 자세히 다루도록 하고 여기에서 하나만 더 얘기하자면, 이에 관심을 두게 된 것도 회사를

8 '단카'와 '하이쿠' 모두 일본의 전통 시가를 대표하는 정형시로, 단카는 5구 31음으로 이루어져 있으며, 하이쿠는 3구 17음으로 이루어진다.

경영하게 된 후다. 겐론에는 '겐론 친구의 모임'이라는 지원 조직이 있고 회원 수는 4,000명 가까이 된다. 1년에 한 번 '총회'라는 이름의 축제 같은 행사를 열면 수백 명이 참가한다.

회원끼리 개인적인 교류도 활발해 오프라인 모임도 연다. 함께 여행도 다닌다고 한다. 이런 움직임이 있다는 것에 놀랐다. 겐론을 창업했을 때는 이런 커뮤니티가 생길 것이라고는 생각하지 못했기 때문이다. 나이도 거주 지역도 직업도 다른 사람들이 '겐론 콘텐츠를 소비하고 있다'는 이유만으로 교류를 한다. 앞에서 단기적인 동원은 허망하다, 조직을 만들라고 한 것은 이런 경험을 해서다.

일본인은 서구인에 비해 사교적이지 않다고들 한다. 그러나 내 경험상 계기만 주어지면 의외로 적극적으로 사람들과 관계를 맺는 것 같다. 인문 지식과 논단의 부활은 이와 같은 소소하지만 꾸준한 활동 없이는 불가능하다.

축제가 사람과 사람을 잇는다

조직을 운영하게 되면서 새삼 축제의 기능에 대해서도 생각하게 되었다. 동인지 문화의 성장 동력이 된 것은 매년 여름과 겨울에 정기적으로 개최되는 코믹마켓이다. 겐론 회원들의 교류도 연 1회 개최되는 총회가 바탕에 있다.

계절에 따라 정기적인 마쓰리(축제)의 장을 마련하여 적극적인 참가자의 생활 리듬에 스며들어 이를 주춧돌 삼아 규모를 키워가는 것. 이것이 일본 풍토에 걸맞은 동원 형태일지도 모른다. 인터넷상의 엔조炎上[9]도 '마쓰리'라고 불리는데, 여기에서의 마쓰리는 매번 화제를 리셋하여 익명의 대중을 동원하는 것으로 본래의 마쓰리와는 전혀 다르다.

민속학자 야나기타 구니오柳田國男(1875~1962)에게 《일본의 마쓰리日本の祭》라는 저서가 있다. 이 저서의 문고판 해설에서 문예평론가 안도 레이지安藤礼二(1967년생)가 중요한 지적을 한다.[10] 야나기타가 마쓰리를 고찰한 이유는 제2차 세계대전 이전의 일본에 급속히 침투하던 자본주의에 대항하는 전통적인 농촌 공동체 원리, 즉 '조합'의 원리를 사유하기 위한 것이었다는 지적이다.

일본에서 마쓰리는 단순한 오락도 종교의식도 아닌, 사람을 서로 이어주고 정체성을 확인하는 수단으로 발달했다. 다소 비약으로 느껴질지도 모르나, 그런 의미에서 마쓰리도 정정하는 힘을 발휘하는 장이라고 생각한다. 마쓰리에 참가함으로써 일본인은 "이 마을(공동체)은 사실 …였다"고 과거를 재발견하고, 현재와 직결되는 형태로 집단의 기억을 정정하는 작업을 하고 있는 것이 아닐까? 그래서 마쓰리가 있는 공동체는 강한 것이 아닐까?

의외의 예를 들자면 〈명탐정 코난〉이라는 애니메이션 시

9 인터넷상에서 악플과 같은 비방 댓글이 쇄도하는 등 나쁜 의미로 화제가 된 상태를 일본에서 일컫는 말이다.

10 안도 레이지의 해설이 있는 문고판은 가도카와 소피아 문고판(角川ソフィア文庫版)이다.

리즈가 있다. 아오야마 고쇼青山剛昌(1963년생)의 인기 만화가 원작으로, 대체로 매년 4월에 극장판 장편을 개봉한다. 2023년에 개봉한 작품이 26번째라고 한다.

이 장편 애니메이션이 최근에 매번 큰 인기를 누리고 있다. 그 이유 중 하나는 매년 봄, 벚꽃이 필 즈음에 신작이 개봉되기 때문이 아닐까? 말하자면 매년 한 번씩 열리는 마쓰리와 같은 것이다. 관객은 영화를 보러 오는 것이 아니라 실은 마쓰리에 참가하고 있다.

〈명탐정 코난〉의 원작 만화가 연재를 시작한 것은 1994년으로, 당시 초등학생은 이제 40대다. 최근에는 두 세대가 같이 오는 관객도 많다. 얼마 지나지 않아 세 세대가 함께 감상하게 될지도 모른다. 할머니, 엄마, 아이가 셋이서 함께 영화를 본다. 이런 기회를 콘텐츠 산업이 제공하게 된다.

출판이 빛나던 시대

일본의 출판사 헤이본샤平凡社에서 간행한 《세계 대박물 도감》이라는 7권짜리 도감이 있다. 1장에서 언급한 박물학자 아라마타 히로시가 1980년대부터 1990년대에 걸쳐 거액의 빚을 내서 전 세계에서 셀 수 없을 정도로 많은 도판을 모아 총정리한, 그야말로 경이로운 프로젝트다.

아라마타는 이 프로젝트를 완성하기 위해 오랫동안 헤이본샤에서 살다시피 했다고 한다. 회사 사무실 바닥에서 자고, 회사 비품을 썼다. 다른 한편, 방금 말한 것처럼 도판 등의 자료는 사비로 구입했다. 전형적인 공사公私 혼동으로, 지금 상식으로는 있을 수 없는 일이다. 하지만 1980년대에는 그런 사람들이 있었다.

일본 출판 시장의 전성기는 1990년대다. 나는 그 피크가 지난 후에 일을 시작했다. 그래서 그런 광경을 본 적은 없다. 지금의 출판업계는 좋게 말하면 모두 상식적이고 선량한 사람들, 나쁘게 말하면 평범한 사람들이 대부분이다. 지금 아라마타처럼 일하는 것을 허용했다간 출판사가 고소당할지도 모른다.

대학도 마찬가지로 뻔한 곳이 되고 말았다. 예전에는 연구실에서 술을 마시거나 밤늦게까지 세미나를 하는 괴짜 교수가 많았다. 지금은 있을 수 없는 일이다. 최근의 교수는 괴롭힘 방지를 위해 학생이 오면 반드시 연구실 문을 열어두어야 한다고 한다.

놀이를 일로 '정정'하기

출판업계나 대학의 이런 변화를 답답하게 느끼던 나는 어느 시기부터 IT업계 쪽에 더 흥미를 갖게 되었다.

인문계 출신인 나는 엔지니어가 하는 얘기를 완전히는 이해하지 못한다. 하지만 2000년대 중반에 IT업계 사람들을 만나보고, 이쪽에 개성적이고 저돌적이며 괴짜인 사람이 많음을 바로 느꼈다. 도완고 창업자 가와카미 노부오川上量生(1968년생), 프로그래머 시미즈 료清水亮(1976년생) 등 지금도 연락을 주고받는 사람이 많은데, 얘기를 해보면 놀이와 일 사이에 경계가 없음을 잘 알 수 있다. 이런 개성은 과거에는 인문계 사람들이 갖고 있던 특성이었다. 그런데 지금의 인문계에는 이런 사람이 정말 적다.

지금까지 교환 가능성과 정정 가능성의 대립을 논해왔다. 이공계야말로 교환 가능성이 지배하는 세계라고 여길지도 모르겠다. 하지만 현실에서는 인문계가 교환 가능성의 논리에 지배되고 있으며 모두 전문가로서 직업을 구한다. 한편, IT 엔지니어 쪽이 훨씬 '개성적이고' 교환 불가능한 사람이 많다. 아이러니한 일이다.

놀이와 일의 분간이 안 된다. 이것이 가능한 것은 IT 세계에서는 종종 놀이가 어느새 일이 되곤 하기 때문이다. 리눅스LINUX를 만든 리누스 토르발스는 이 감각을 "Just for Fun(재미 삼아)"이라는 말로 표현했다.

놀이가 어느새 일이 되어 있다. 이는 비트겐슈타인과 크립키의 언어게임 자체다. 정정하는 힘 자체다. 지금 IT산업이 세계를 지배하게 된 것은 이들 엔지니어가 재미 삼아 시작한 놀이를 본격적인 비즈니스로 '정정'하는 작업을 계속 해왔기 때문이다. 그 역동성을 배워야 한다.

이 장의 정리

이번 장에서는 1장의 시사 문제에 대한 응용, 2장의 이론적 설명에 이어 '정정하는 힘'이 인생에 어떤 식으로 도움이 되는지 논했다.

사람은 늙어간다. 인생은 교환할 수 없다. 따라서 어느 시점부터는 정정하는 힘을 잘 활용하지 않으면 삶이 무척 고달파진다.

정정하는 힘을 활용하려면 자신을 교환 불가능한 존재로 여기고, 고정되고 만 자기 이미지를 '사실 …였다'는 논리로 정정해주는 유연한 사람을 주변에 모아야 한다. 구체적으로는 작은 조직이나 모임을 만들어 '친밀한 공공권'을 만들면 이를 실현할 수 있다.

나는 40대가 되어 회사를 경영한 것이 뜻하지 않게 이러한 '친밀한 공공권' 형성으로 이어졌다. 물론, 이 외에 여러 방법이 있을 것이다. 일본 풍토를 이용해 마쓰리를 연출해보는 것도 도움이 될 것 같다.

IT업계는 엔지니어가 자유롭게 놀게 두면서 이를 나중에 '실은 비즈니즈였다'고 정정하는 방식으로 새로운 서비스를 내놓아 세계를 제패했다. 이는 다른 업계에도 해당하는 얘기이며 정치가 나아가야 할 방향과도 관련이 있는 얘기다. 여러 사람이 멋대로 자기주장을 해 소란스러운 모습, 이것이 토크빌이 발견한 '미국의 민주주의'였기 때문이다.

다음 장에서는 지금까지 논한 내용을 바탕으로 일본의 미래를 고찰하며 이 책을 마무리하고자 한다.

4장 ‘소란스러운 나라’ 되찾기

일본 사상의 비판적 계승

나는 유럽 사상을 고찰하는 과정에서 정정하는 힘에 주목하게 되었다. 따라서 일본 사상에 관한 얘기는 지금까지 거의 하지 않았다. 하지만 '정정'의 사유를 도입해 일본 사상을 비판적으로 계승하는 길도 있을 것이다.

전후 일본의 리버럴을 대표하는 정치학자 마루야마 마사오丸山眞男(1914~1996)[1]는 〈역사 의식의 '고층'歷史意識の'古層'〉이라는 유명한 논문에서 일본 문화를 특징짓는 말로 "쉼 없이 생성되고 변화하는 기세"라는 문구를 제안했다. 쉽게 설명하자면 "쉼 없이"는 지속성, "생성되고 변화하는"은 생성성, "기세"는 공기를 가리킨다. 이런저런 것들이 어느새 자연스레 나타나서 서로 엮이는 양태. 이런 발상이 일본의 사상과 정치를 움직여왔다는 것이다.

이는 어려운 얘기가 아니다. 예를 들어 메이지유신이 그

1 마루야마 마사오는 현대 일본의 정치사상가다. 대표적인 저서로 《일본정치사상사연구》, 《현대정치의 사상과 행동》 등이 있다.

렇다. 큰 뜻을 품은 여러 무사가 활약했지만, 그 과정은 복잡하고 쉽게 알기 힘들다. 처음에는 양이攘夷를 내세웠는데, 어느새 개국파가 되었다. 그런데도 결과적으로는 성공했다. 따라서 딱 집어 '메이지유신의 사상'이라고 할 만한 것은 없다. 일본은 이처럼 자연적인 생성과 주체성의 결여를 긍정하는 풍토가 있다.

또한, "주체는 허구이며, 저절로 생성하는 것이야말로 만물의 본질"이라는 문제의식은 결코 일본 특유의 것이 아니다. 유럽 철학을 살펴봐도 그런 사상이 큰 기반을 갖고 있다. 20세기를 대표하는 독일 철학자 마르틴 하이데거가 유명하다. 그는 '생기生起, Geschehen'라는 유명한 개념을 내놓았다. 존재란 어느새 생성되는 것이다.

일본 철학의 딜레마

일본에서도 교토학파가 하이데거를 무척 좋아했다(여기에서는 하이데거 전기와 후기의 차이에 관해서는 고려하지 않겠다). 교토학파는 1945년 이전에 교토대학을 중심으로 모였던 사상가 그룹이다. 동서 문화의 융합을 추구했을 뿐만 아니라 일본이 그 역할을 적극적으로 맡아야 한다며 '대동아전쟁'을 사상적으로 긍정한 것으로도 알려져 있다.

그들이 하이데거에 호감을 가진 이유는 간단하다. 하이데거에게 '일본적인 것'을 읽어냈던 것이다. 유럽 철학을 공부하다 보면 때때로 일본 사상이 최첨단으로 보이는 역전 현상이 일어난다. 일본 사상은 옛날부터 “주체 같은 것은 존재하지 않는다. 생성이 있을 뿐이다”라고 주장해왔기 때문이다. 이런 사고방식은 유럽에서의 경우 과거 철학에 대한 비판으로 기능하지만, 일본에서는 반대로 단순한 자기 긍정에 빠져 국가주의와 결합하는 딜레마가 있다.

전후의 일본 철학은 이 딜레마에 갇히고 말았다. 유럽 철학만 배워서는 한계가 명백하다. 하지만 일본 전통과 접맥해 고유한 시도를 하려 하면 교토학파와 같은 길을 걷게 될 우려가 있다.

이에 나는 ‘정정하기’라는 사고방식을 도입하고자 한다. 정정함이란 지금까지 논한 바와 같이 일단은 현재 상황을 받아들이는 것에서 시작한다. 과거를 받아들이고 이를 지켜간다. 하지만 자세히 살펴보면 과거를 지키는 행위에는 반드시 어긋난 부분이 생긴다. 같은 게임을 플레이하고 있다고 생각했는데, 규칙이 어느새 바뀌어 있다. 그런데 어떻게 바뀌었는지는 당사자도 잘 모른다. 전통을 계승한다는 것은 곧 전통을 바꾸어간다는 것이며, 게임에 참가한다는 것은 곧 규칙을 위반하기도 한다는 것으로, 이 규칙 위반이 게임을 더 풍요롭게 만들기도 한다.

이런 입장에서 보면 “쉼 없이 생성되고 변화하는 기세”의 지배도 적극적으로 재해석할 수 있지 않을까? 단순히 무책임하게 과거를 전적으로 긍정하는 것도, 과거를 완전히 부정하는 것도 아닌, 제3의 길이 열리지 않을까? “쉼 없이 생성되고 변화하는 기세"의 나라이기에 과거를 정정하면서 천천히 앞으로 나아가는 것이 중요하다고 여기면 되는 것이다. 한마디로 "쉼 없이 생성되고 변화하는 기세"를 리버럴한 관점에서 재해석하자는 것이 이 장에서 제안하는 바다.

작위와 자연의 대립을 극복하기

마루야마 마사오는 '작위'와 '자연'의 대립을 고찰했던 사상가이기도 했다. 마루야마는 《일본정치사상사연구》라는 책(의 제1논문)에서 일본 근세近世[2] 사상을 다루었다. 20대에 쓴 글로 1930~1940년대에 썼지만 전후에 간행되었다. 일본에 유학(주자학)을 도입한 것이 왜 유학과 동떨어진 일본 국학[3]의 탄생으로 귀결되었는지를 이토 진사이伊藤仁斎(1627~1705)가 선행 학자를 비판하고, 오규 소라이荻生徂徠(1666~1728)가 진사이를 비판하고, 모토오리 노리나가本居宣長(1730~1801)[4]가 소라이를 비판하는 형태의 '비판의 연쇄'로 파악하며 검토한 저서다.

나는 이 책을 좋아하는데, 이 책이 밝힌 것을 한마디로 정리하면 중국에서 철학을 수입했던 일본 사상계가 이런저

2 일본사에서 근세는 에도 시대(1603~1868)를 뜻한다.

3 이 책에서는 '국학(国学)'을 '일본 국학'이라 번역했다. 일본 국학은 근세 중반(17세기 말)에 생겨난 지적 운동으로, 외래 사상을 배격하고 일본 고전을 재해석하여 순수한 일본 문화·정신을 찾으려는 학문이다.

4 이토 진사이, 오규 소라이, 모토오리 노리나가는 모두 근세 일본의 사상가다. 이 중 모토오리가 일본 국학을 대표하는 사상가다.

런 논의를 거치다 보니 최종적으로 중국 철학 자체를 배제하는 결론에 이르고 말았다는 역설이다.

이 역설을 상징하는 것이 모토오리가 강조한 '가라고코로漢意(대륙적 정신)'와 '야마토고코로大和心(일본의 마음)'라는 대립이다. 한편에 외국에서 도래한 작위(가라고코로)가 있고, 다른 한편에 일본에 원래부터 있었던 자연 생성(야마토고코로)이 있다. 일본인은 전자를 버리고 후자로 되돌아가야 한다. — 모토오리는 이렇게 주장한 것인데, 이 구도는 일본 사상이 그 후로 안게 되는 문제의 기본틀을 잘 보여준다.

이는 협의의 사상에 한정된 문제가 아니다. 예를 들어 가라고코로와 야마토고코로의 대립은 현재 리버럴파와 보수파의 대립 속에 남아 있다.

리버럴파는 외국의 이론을 구사한다. 보수는 일본을 소중히 한다. 지금은 이런 대립을 모두 자명한 것으로 여기고 있어 리버럴파는 일본의 전통에 접근하지 못한다. 참으로 자유롭지 못한 상황이나 이는 모토오리가 만든 대립이기도 하다. 그리고 마루야마가 밝힌 것은 이 대립 자체가 사실은 근세 사상이 변천하는 과정에서 만들어진 일종의 픽션이라는 사실이다. 그렇다면 이 대립을 정정의 개념으로 극복하는 것도 가능할 것이다.

다양성은 0 아니면 1이 아니다

일본의 언론은 아무튼 자유롭지 못하다. 일본적인 것을

긍정하려 하면 무비판적인 현실 긍정으로 이어지고 만다. 다른 한편, 현실 긍정을 피하려고 하면 해외에서 '새로운' 가치관을 가져와 "유럽에서는 이렇다"는 식의 어법을 구사하는 외국 숭배자가 되고 만다. 이 대립을 벗어나려면 정정하는 힘에 기대야 한다.

구체적인 예를 하나 들자. 최근에 LGBT를 둘러싼 논의가 활발하다. 하지만 이 논의는 쓸데없는 혼란도 가져왔다. 2023년 6월에 LGBT이해증진법이 가결되었다. 좌파는 규정이 불충분하다고 비판하고 있다. 우파는 법률 자체가 필요 없다고 반발하고 있다. 우파 중에는 "기독교 문화권이 성적 소수자를 훨씬 차별해왔다. 일본에 그런 차별은 없었다"고 주장하는 사람도 있다.

이것은 무의미한 대립이다. 일본에 성적 소수자를 받아들이는 전통이 어느 정도 있었던 것은 사실일 것이다. 이를 무시하고 무조건 차별이라고 하는 것은 위화감이 있다. 그렇다고 지금 기준에서 보았을 때 소수자의 인권이 충분히 보장되었냐면 그렇지 않다.

다양성은 0 아니면 1이 아니다. 결국 각 나라의 문화 속에 전통도 남기면서 '이를 어떻게 업데이트하여 미래로 넘길 것인가' 하는 발상으로 개선해나가야 한다.

그런데 일본에서는 이를 곧장 0 아니면 1, 과거를 부정할지 긍정할지, 리셋할지 아무것도 바꾸지 않을지의 대립으로 가져간다. 조금이라도 다른 방법을 모색하면 양쪽으로부터 비판을 받는다. 이런 풍토를 바꾸어야 한다.

일본의 독자적인 다양성이란

LGBT를 둘러싼 논쟁에서 《스톱!! 히바리군!ストップ!!ひばりくん!》이라는 만화가 종종 회자되었다. 에구치 히사시江口寿史(1956년생)가 그린 1980년대 전반의 작품이다. 주인공 오조라 히바리라는 캐릭터는 여성으로 분장한 남자다. 작품에서 주인공은 차별받고 있지만 그 시선에 저항하고 있기도 하다.

이런 작품을 어떻게 해석할 것인가? 보수파는 이 작품을 일본에서 예로부터 퀴어가 활약한 사례로 읽으려 한다. 한편으로 리버럴파의 일부는 "히바리는 차별 때문에 고통받았다. 그런 작품을 코미디로 소비한 것 자체가 인권 의식이 결여되었음을 의미한다"고 주장한다. 두 주장 모두 너무도 단순한 독해가 아닐까?

애초에 엔터테인먼트 작품은 정치적인 메시지를 전달하기 위해 제작한 것이 아니다. 객관적으로 말할 수 있는 것은 1980년대 전반에 일본에서는 이미 LGBT 캐릭터가 주인공인 만화가 널리 읽혔다는 사실뿐이다.

일본에 필요한 것은, 앞으로 LGBT가 차별 없이 살아갈 수 있도록 이 사회를 바꾸기 위해 이 사실을 어떻게 활용할 것인가라는 미래 지향적인 논의다. 이것이 정정하는 힘에 입각한 발상이다.

일본의 만화, 애니메이션, 게임에는 젠더뿐만 아니라 서구의 엔터테인먼트에는 없는 다양한 표현이 담겨 있다. 이 책에서 자세한 설명은 생략하지만, 이런 문화적 축적을 일본 사회 개선에 활용할 수 있을 것이다.

히라타 아쓰타네의 포스트모던성

일본 사상으로 논지를 되돌리자. 최근에 읽은 것 중 흥미로웠던 것은 히라타 아쓰타네平田篤胤(1776~1843)다. 히라타는 모토오리보다 반세기 뒤인 1776년에 태어난 일본 국학자다.

히라타가 활약한 것은 19세기 전반인데, 이 시기에는 유럽의 정보가 상당히 많이 들어온다. 히라타는 이 정보를 접했는지, 《성서》에 등장하는 아담과 이브는 일본 신화의 이자나기イザナギ와 이자나미イザナミ[5]가 서양에 전해진 것이라는 주장을 《영혼의 진주霊の真柱》라는 책에서 펼친다.

물론, 이는 황당무계한 주장이다. 그렇지 않아도 히라타는 일본 국학을 컬트화한 기원으로 평이 좋지 않은 사상가다. 앞의 주장도 '일본이 세계의 중심'이라는 것으로, 정치적으로 위험하다.

하지만 그런 히라타의 '황당무계한 신화'도 해외에서 새로운 지식 체계가 들어왔을 때 이를 단순히 배척하는 것이 아니라 이를 흡수해 일본 신화를 '업데이트'하려 한 시도라고

5 일본 신화에 등장하는 남신과 여신으로, 이자나기는 이자나미의 오빠이자 남편이다.

재해석할 수도 있다. 이런 측면은 흥미롭다. 히라타는 중국도 배척하지 않는다. 모토오리는 《고사기古事記》에 '도道'는 없다고 했지만, 히라타는 그런 평가를 하지는 않는다. 오히려 《고사기》의 세계를 공자와 연결지으려 한다.

히라타의 철학은 지금의 관점에서 보면 매우 포스트모던적이다. 여러 요소를 조합해 '새로운 일본'을 만들려 한다. 일본 사상에는 이와 같은 융합의 전통도 있다.

나쓰메 소세키의 시도

히라타보다는 정치적으로 온당한 예를 들어보자. 19세기 중반에 히라타가 타계하고 사반세기 후 나쓰메 소세키夏目漱石(1867~1916)[6]가 태어난다. 나쓰메는 1867년, 즉 메이지유신 1년 전에 태어나 아직 한학漢學 등 고풍스런 교육이 남아 있던 세대다. 실제로 한시를 잘 썼다.

그가 소설가로 유명해지기 전에 쓴 책으로 《문학론》이 있다. 영국 유학을 마치고 귀국한 후 도쿄제국대학에서 문학 강의를 했을 때의 기록이다.

이 책을 보면 나쓰메가 영국에서 얼마나 큰 충격을 받았는지 알 수 있다. 나쓰메는 일본 고전이나 한문을 읽으며 컸다. 그런데 서양에는 전혀 다른 문학이 있다. 어떻게 하면 전

6 나쓰메 소세키는 근대 일본이 낳은 가장 유명한 소설가 중 한 명으로, 대표작으로 《나는 고양이로소이다》, 《도련님》, 《마음》 외 다수가 있다.

혀 다른 이들 문학을 종합해서 이해할 수 있을까? 그래서 나쓰메는 문학의 보편적 방정식을 만들어낸다는 무모한 시도를 한다.

이 시도는 성공했다고 보기 어렵다. 하지만 여기에서 중요한 것은 나쓰메가 '일본 문학은 잘못되었으니 유럽을 본받자'는 방향도, '일본 문학이 가장 뛰어나니 유럽은 무시해도 된다'는 방향도 아닌 두 문학을 융합해 새로운 보편성을 창출하고자 시도했다는 점이다. 그런 자세가 중요한 것이다.

보수 사상을 리버럴의 관점에서 다시 읽기

앞에서 다룬 마루야마 마사오의 《일본정치사상사연구》도 이런 자세를 바탕으로 한 시도라 할 수 있다.

이미 말한 것처럼 나는 이 책을 좋아하는데, 그 이유는 이 책이 일본의 근세 사상의 변천을 마치 유럽에서의 사상의 변천인 것처럼 기술하고 있기 때문이다. 이토 진사이를 비판하는 오규 소라이, 오규를 비판하는 모토오리 노리나가… 하는 식의 비판의 연쇄에 주목하는 것 자체가 유럽적 발상이며, 특정 사상을 철저히 파고들면 정반대가 되고 만다는 논리도 헤겔 철학적이다.

따라서 《일본정치사상사연구》의 내용은 어쩌면 일종의 픽션인지도 모른다. 실제로, 지금 시점에서는 실증주의적 관점에서 비판을 받는 부분도 있다고 한다.

그렇다 하더라도 나는 이 책을 높이 평가한다. 왜냐하면 마루야마의 독해가 어쩌면 관계가 없었던 것으로 여겨졌을 근세 사상과 근대 사상을 잇는 가교 역할을 하고 있기 때문이다. 즉, '에도 시대의 사상은 우리와 관계가 없어'라는 생각을 가졌던 근대 이후의 서양에 도취한 일본 철학자(나 자신도 포함해)의 관점을 정정해주는 내용인 것이다. 이것이야말로 철학의 실천이다.

특히 잊어서는 안 되는 것은 마루야마가 이 논문을 일본이 중일전쟁을 벌이고, 태평양전쟁으로 향해 가는 시기에 썼다는 점이다. 이 시기에 "일본 근세에 유럽과 유사한 내적 변천이 있었다"라고 지적하는 것은 정치적 메시지를 내재하고 있었다고 할 수 있다.

이런 시도가 현대에 별로 계승되지 못한 것이 안타깝다. 일본 전통 속에 보편적 가치가 숨겨져 있을 것이라는 주장은 지금도 중요한 의미를 갖는다. 이는 편협한 민족주의에 빠지는 것을 의미하지 않는다.

쉽게 말해 일본의 보수 사상을 더 리버럴적 관점에서 다시 읽을 수 있다는 말이다. 보수파의 지식과 리버럴파의 어휘를 조합하면 상당한 잠재력을 가진 사상이 태어날 것이다.

환상을 만드는 힘

정정하는 힘은 환상을 만드는 힘이기도 하다. 과거의 해석을 정정해 현재와 연결되는 새로운 스토리를 만들고, 미래로 향하는 이미지를 낳는 힘 말이다.

이렇게 말하면 일부 학자들이 강하게 반발할 것 같다. “환상을 만들다니 그것은 현실 도피에 불과하다. 역시 역사 수정주의를 긍정하자는 거냐” 하고 말이다.

그런 말이 아니다. 때때로 우리는, 다름 아닌 심각한 현실에 직면하기 위해 환상을 필요로 한다. “현실만 보고 있으면 된다”, “증거를 나열하면 되지 스토리는 필요 없다”는 주장이 오히려 현실 도피일 때가 있는 것이다.

우크라이나 전쟁을 계기로 이를 절실히 느꼈다. 전쟁이 시작된 후 평화에 대해 고민하는 시간이 늘었다.

평화란 도대체 무엇일까? 법학자 후루야 슈이치古谷修一(1958년생)가 2022년 10월에 한 인터뷰에서 흥미로운 지적을 했다. 우크라이나 전쟁에서는 SNS를 활용하여 개인의 죽음과 인권 침해를 직접 전 세계에 전달할 수 있게 되었다. 그 결과, 오히려 평화를 이루기 힘들어졌다는 것이다.

평화란 국가 간의 정치적 타협으로만 이루어진다. 그러나 지금은 관련된 개개인이 납득하지 않으면 타협에 이르기 힘들게 되었다.

기억과 평화의 상극

이 인터뷰를 읽고 고대 그리스의 에피소드가 생각났다.

고대 그리스라고 하면 민주제를 실현한 좋은 사회라는 이미지가 있을지도 모르겠다. 그러나 실제로는 전쟁으로 점철되어 있었다. 특히 기원전 5세기 말에는 펠로폰네소스전쟁의 영향으로 아테나이[7] 시내에서 큰 내란이 일어나 사회가 매우 혼란스러웠다. 그 원한이 남아 있는 한 반드시 내란은 다시 일어난다.

이때 그리스인은 내란의 기억을 '잊는다'는 결정을 내렸다고 한다. 물론, 실제로 잊는 것이 아니다. '공적인 장에서는 잊은 척한다'는 사회적 약속일 뿐이다. 따라서 이는 환상이다. 하지만 고대 그리스인은 그런 환상이 없으면 평화를 이룰 수 없다는 결론에 이르렀던 것이다.

이는 매우 현대적 문제라고 생각한다. 현대는 기억하는 것이 절대적 정의라고 여긴다. 그리고 새 정보기술이 세밀하고 완벽한 기억을 가능케 한다. 먼 과거의 작은 범죄도 기록을 불러오면 자세하게 파악할 수 있게 되었다. 이런 추세는 점점 강화될 것이다. 하지만 이것이 정말 사회의 안정, 사람들의 행복을 가져올까?

지금의 상식에 비추어볼 때 이런 질문은 어리석게 느껴질 것임을 잘 안다. "피해자의 고통을 보고 모른 척하라는 거냐"라고 비난받을 것이다. 하지만 그런 '바른 말'만으로는 평화를 이룰 수 없다고 선인들이 생각했던 것 또한 사실이다.

나는 여기에서도 정정하는 힘이라는 관점이 유효하다고

7 오늘날 아테네에 위치했던 고대 그리스의 폴리스 중 하나. 기원전 431년부터 기원전 404년까지 일어난 펠로폰네소스전쟁에서 스파르타가 주도한 펠로폰네소스동맹이 승리하면서 아테나이 주도로 결성된 델로스동맹이 해체되었으며, 오랜 전쟁으로 고대 그리스는 쇠퇴의 길로 접어들었다.

본다. 평화를 만드는 것은 “그 전쟁은 사실 …였다”는 일종의 픽션을 만드는 것이다. 과거를 기억하면서 과거를 바꾸는 것이다. ‘정정’하는 것이다.

이는 환상일지도 모른다. 하지만 그 어떤 환상도 없이 전쟁이 가져온 사실 하나하나를 계속 검증한다면, 예외 없이 모두 결코 용서할 수 없는 일이 될 것이다. 이로 인해 평화를 이루지 못하는 것이 과연 정의로운 일일까? 한 발 물러서서 생각해보았으면 한다.

시바 료타로의 업적

환상과 연관된 얘기를 하자면 소위 ‘시바 사관’이라 불리는 역사관이 있다. 작가 시바 료타로司馬遼太郎(1923~1996)의 관점에 입각해 널리 보급된 역사관이다. 한마디로 ‘메이지 시대(1868~1912) 일본은 좋았지만 쇼와 시대(1926~1989)부터 이상해졌다’는 역사관이다.

시바 덕분에 유명해진 인물 가운데 사카모토 료마坂本龍馬(1836~1867)가 있다. 사카모토의 일반적인 이미지는 대립하는 인간을 달래 화해하게 만드는 평화주의자이며 개국주의자다. 그런데 이런 이미지는 시바가 만들어낸 것이라는 지적이 있다.

최근 연구에 따르면 사카모토 료마는 선중팔책船中八策[8]을

8 시바가 쓴 소설에 따르면, 메이지유신 직전인 1867년에 사카모토가 여덟

쓴 적이 없고, 가메야마샤추亀山社中[9]를 만든 적도 없으며, 가쓰 가이슈勝海舟(1823~1899)[10]를 만나 제자가 되었다는 유명한 에피소드도 과장된 것이라고 한다. 일반인이 갖고 있는 이미지와는 무척 다르다.

그렇다면 왜 그런 사카모토의 이미지가 이렇게나 널리 퍼졌는지를 생각해야 한다. 추측건대, 쇼와 시대 사람들이 시바가 제시한 사카모토의 이미지에서 자신들의 이상을 찾아냈기 때문이 아닐까? 시바가 묘사한 사카모토는 상인이기도 했다. 가이엔타이海援隊[11]를 결성해 물자를 운반하고 무역으로 이익을 내며, 적대 세력을 손잡게 하여 평화를 이루었다. 이는 무력을 포기하고 경제력을 통한 평화 달성을 꿈꾼 전후 일본의 이상과 일치한다.

시바는 그러한 사람들의 무의식을 민감하게 포착해, 그 기원을 메이지유신 때 활약한 한 무사에게 투영한 것이 아닐까? 사카모토가 있음으로써 전후 일본의 상업국가 노선은 메이지유신 때 잠재했던 가능성 중 하나라는 역사가 만들어진

가지 새로운 국가체제의 기본방침을 만들었다고 한다. 배 안에서 구상했기에 '선중팔책'이라 부른다.

9 시바가 쓴 소설에 따르면, '가메야마샤추'는 사카모토가 1865년에 만든 해운 회사다.

10 가쓰 가이슈는 메이지유신 전후에 활약한 유명한 무사이자 정치인이다.

11 '가이엔타이'는 1867년 결성된 조직으로 '가메야마샤추'의 후신이며, 오늘날의 무역 회사와 비슷한 활동을 했다.

다. 점령군의 강요로 걷게 된 노선이 아니게 되는 것이다.

이 역사는 환상이지만 그렇다고 해서 단순히 배척할 것이 아니다. 시바는 이를 통해 근대 일본의 자화상 자체를 업데이트하려 했던 것이다. 이 책에서 말하는 '정정'이다. 이는 쇼와 시대 일본인에게 필요했던 이상이다.

과거와 현재를 잇는 힘

거듭 논한 것처럼 이런 주장이 지금 학계에서는 부정적으로 평가된다는 것을 잘 안다. "역사는 과학이다. 픽션은 창작에서나 써라"라는 비판을 받을 것이 뻔하다.

틀린 말은 아니지만 현실은 생각보다 복잡하다는 것이 이 책의 입장이다. 사료를 실증적으로 검토한다고 주장하는 현대 역사학자도 미래에 후세가 돌이켜보면 당대 이데올로기에 지배된 것으로 비칠지 모른다.

실제로 방금 다룬 사카모토 료마 신화의 해체가 시작된 것은 21세기에 들어서다. 지금은 '쇼와 시대의 서사를 부정하고 해체해야 한다'는 패러다임이 힘을 얻고 있어서 모두 실증이라는 기치를 내세워 그런 연구를 진행한다. 하지만 수십 년 후에도 과연 그럴까? 학계 연구 동향이 얼마나 유행에 좌우되는지는 대학에 속해 있는 학자들이 더 잘 알 것이다.

그래서 나는 '정정해가는 길밖에 없다'고 주장하는 거다. 영원히 옳은 객관적 역사 기술은 존재하지 않는다. 서사(스토리)만이 있을 뿐이다. 누구도 서사로부터 벗어날 수 없다. 할 수 있는 것이라곤 새로운 발견 앞에서 '사실 …였다'며 정정하는 행위뿐이다. 그리고 이 같은 정정 행위도 시대의 영향을 받는다. 그런 점에서 이 또한 객관적일 수는 없다. 정정은 영원히 계속된다.

나는 철학을 하고 있으므로 사상사 연구자와 근접한 곳에 있다. 플라톤이나 루소에 관해 글을 쓸 때는 당시 상황도 조사하곤 한다. 하지만 그들이 정말로 무슨 생각을 했는지는 솔직히 잘 모른다. 나는 고대 그리스나 18세기 프랑스의 전문가가 아니기 때문에 당시의 언어조차 정확히 읽지 못한다. 그러나 그런 것을 따지기 시작하면 철학자는 모두 특정 시대의 특정 언어로 쓰인 저작만 참조할 수 있을 것이며, 결국 철학이라는 학문 자체는 소멸하고 말 것이다. 따라서 잘 모른다는 전제에서 시작할 수밖에 없다. 물론, 내가 내놓는 해석이 전문가의 저작과 모순이 없게끔 조심한다. 그럼에도 결국은 '자유롭게 읽는 것'이 바탕에 깔려 있다.

이때 최종적인 기준이 되는 것은 과거의 저작과 현재 상황을 어떻게 연결지을 것인가이다. 이 관점이 없다면 철학자의 독해는 자의적이고 멋대로인 것이 되고 만다. 하지만 이는 전혀 객관성을 보증해주지 않는다. 이를 각오하고 독해할 수밖에 없다. 우리는 정정을 통해서만 과거를 파악할 수 있다.

메이지유신은 역사의 정정이었다

1장에서 일본에도 정정하는 힘은 있었다고 했다. 메이지유신은 역사를 정정한 좋은 예다.

메이지유신은 리셋이 아니다. 왕정을 복고한 것이니까. 그렇다고 단순한 복고도 아니다. 양이는 어느새 개국으로 바뀌었다. 과거를 전적으로 부정하는 것도 전적으로 긍정하는 것도 아닌, 제3의 길을 걸어 성공한 것이 메이지유신이다.

왜 이런 시도가 가능했을까? 당시 일본의 가장 큰 과제는 근대화를 이뤄 식민지화를 피하는 것이었다. 하지만 이 목적을 그대로 내세우면 보수파의 반발에 부딪칠 것이 뻔하다. 그래서 내건 것이 '천황의 시대로 회귀'한다는 일종의 픽션이었다.[12]

국민개병國民皆兵 도입이 그 일례다. 국민 모두가 병역의 의무를 진다는 국민개병은 근대 국민국가의 제도다. 에도 시

12 이 부분의 이해를 돕기 위해 일본에서의 천황과 실권의 관계를 간단하게 설명한다. 고대 일본에 중앙집권적 국가가 형성되어 천황제가 탄생한 것은 7세기로 추정된다. 이때부터 13세기 전반까지는 (귀족이 실권을 장악하고 천황은 허수아비였던 시기가 있기도 했으나) 천황이 국가의 실권을 쥐고 있는 것으로 여겨졌다. 하지만 12세기 말에 일본 역사상 최초로 무사 정권(가마쿠라鎌倉 막부)이 탄생한 후 쇼군(장군, 무사의 우두머리)이 실권을 장악한 시대가 계속되고, 어느새 쇼군이 최고 권력자라는 인식이 당연한 것으로 자리 잡는다. 이는 1868년 메이지유신으로 마지막 무사 정권(에도 막부)이 무너질 때까지 계속되었고, 메이지유신을 주도했던 세력은 무사 정권을 타도하는 명분으로 '왕정 복고'를 내세웠다. 따라서 메이지유신 성공 후 근대 일본에서는 천황이 최고 권력자로 자리 잡았다. 하지만 제2차 세계대전에서 패배한 후 천황은 최고 권력자가 아닌 '국가의 상징'으로 역할이 또 바뀌어 지금에 이른다.

대에 병역과 무관했던 대다수 일본인에게 이처럼 과한 의무는 버거웠다. 그래서 진무 천황의 에피소드를 활용했다. 진무 천황은 스스로 백성을 이끌고 반란군과 싸웠고, 그 시대부터 백성은 천황의 병사가 될 의무가 있었다는 논법을 내세운 것이다. 이 설명은 1882년의 〈군인칙유軍人勅諭〉에 기술되었다. 중세부터 근세에 걸쳐 백성을 징병하지 않은 것이 예외이고, 이제야 일본은 원래 모습으로 되돌아간다는 논리다.

메이지유신을 주도했던 자들은 이처럼 '메이지 국가는 유럽의 모방이 아니라 고대 일본의 회복'이라는 환상을 만들어냈다. 메이지유신은 영어로 혁명revolution이 아니라 복고restoration로 번역되었다. 나는 2장에서 정치운동이 성공하려면 리셋이 아니라 정정이 중요하다고 했다. 메이지유신은 바로 대표적인 성공 사례다. 전통을 지키려면 변해야 하고, 전통을 고쳐가야 지키게 된다는 정정의 역설을 메이지유신은 절묘하게 활용했다.

상징 천황제야말로 역사적?

또 하나 예를 들어보자. 패전 후 일본 헌법을 제정할 때 천황은 과거의 '통치권의 총람자總攬者'에서 '국민 통합의 상징'으로 위상이 바뀌었다. 이는 전통의 단절로 느껴졌을 것이다.

그런데 철학자 와쓰지 데쓰로和辻哲郎(1889~1960)는 그렇게 단순하게 여기지 않았다. 와쓰지는 1948년에 《국민 통합의 상징国民統合の象徴》이라는 책을 간행해 "일본에서 천황은 원래 권력자이기보다는 권위였고 상징이었다"는 주장을 펼친다. 천황이 실제로 권력을 쥐었던 메이지 시대 체제가 오히려 변칙적이었다는 것이다.

와쓰지의 주장은 메이지유신이 가져온 정정을 역전시킨 것이라고 할 수 있다. 메이지유신 때는 천황이 직접 통치했던 고대야말로 일본의 원래 모습이라고 여겼다. 와쓰지는 이를 반전시켜 천황이 실권을 쥐고 있지 않았던 시대야말로 일본의 본디 모습이라고 주장하는 것이니까.

보수파 정치학자 사카모토 다카오坂本多加雄(1950~2002)도 1995년의 저서 《상징 천황제도와 일본의 내력象徵天皇制度と日本の来歴》에서 비슷한 관점에서 천황제를 논했다. 제목에서 유추할 수 있듯이 이 저서는 일본사에 새로운 서사를 부여하려는 의도를 담고 있다. 이 저서에서는 패전 후에 태어난 상징 천황제가 오히려 전통에 입각한 제도로 재발견된다. 사카모토 다카오는 '새로운 역사 교과서를 만드는 모임新しい歴史教科書をつくる会'[13]의 이사도 맡았던 사람이다.

중요한 것은 현재와 과거를 연결하는 시도를 하는 것이다. 그런 점에서 지금은 보수파가 더 노력하고 있다. 리버럴파는 과거와 현재를 잇는 서사를 만들지 않는다.

13 '새로운 역사 교과서를 만드는 모임(새역모)'은 1997년에 결성된 일본의 우익 단체로, 후소샤(扶桑社)를 통해 출판한 《개정판 새로운 역사 교과서》에서 일본의 제국 시절 활동을 축소하거나 빠뜨림으로써 한국과 중국 등으로부터 많은 비판을 받았다.

과거에 좌파는 천황제 폐지를 주장했다. 그런데 헤이세이 천황이 즉위(1989)한 후 천황제에 대한 일본인의 감정이 크게 변화해 지금은 좌파 중에 천황제 폐지를 주장하는 사람은 거의 없다.

헤이세이 시대(1989~2019) 말기에는 천황이 당시 정권보다 혁신적이었기 때문에 "아베 정권의 폭주를 천황이 막아주었으면 한다"라고 주장하는 언론인이 나오기까지 했다. 그럴 거면 리버럴파의 관점에 입각한 천황론을 본격적으로 전개해야 한다. 이는 '일본'이라는 정체성을 어떻게 볼 것인가라는 문제이기도 하다. 이런 논의를 피하는 한 리버럴파가 폭넓게 시민의 지지를 받기는 힘들 것이다.

"옛날부터 민주주의가 있었다"고는 보기 어렵다

정정하는 힘은 과거와 현재를 연결짓는 힘이다. 그렇다고 아무것이나 연결지어선 안 된다. 오해의 여지가 없도록 제대로 정정이 기능하지 않는 예도 들어보자.

보수파가 선호하는 주장 중에 "일본에는 예로부터 민주주의가 있었다"가 있다. 패전 후의 개혁이 있기 전에 '5개조의 서약문五箇条の御誓文',[14] '다이쇼 데모크라시'[15] 등이 있었다

14 '5개조의 서약문'은 1868년에 발족한 메이지 신정부의 기본 방침이다.

15 '다이쇼 데모크라시'는 다이쇼 시대(1912~1926)에 일본에서 정치, 사상의 자유가 상대적으로 확대된 현상을 가리킨다.

는 주장이다. 심지어 "서로 존중하고 화합하는 것이 무엇보다 중요하다"는 '17조 헌법'[16]까지 거슬러 올라가기도 한다.

나는 이런 서사는 맞지 않다고 본다. 민주주의는 영어 데모크라시democracy의 번역어다. 어원은 고대 그리스어 '데모스(민중)'와 '크라티아(지배)'다. 즉, 민주주의란 민중이 통치하는 것을 의미한다.

5개조의 서약문 그 어디에도 민중의 통치는 적혀 있지 않다. 유명한 제1조 "나라 정치는 모두 공론에 부쳐 결정한다"는 여러 유능한 인재를 모아 그들의 의견을 듣고 정부를 운영한다는 뜻이다. 통치자가 귀족만이 아니라 하급 무사의 의견도 듣겠다는 방침일 뿐이다.

국민이야말로 국가의 주인이고, 인민의 의지가 국가를 통치한다는 취지가 아니다. 일반 시민이 국가의 주인이라는 사상이 널리 퍼진 것은 패전 후부터일 것이다.

일본은 민주주의의 무서움에 직면한 적이 없다

일본에는 민주주의 사상이 아직 뿌리를 내리지 못했다고 느낄 때가 있다. 방금 말한 것처럼 '열린 자세로 논의하는 것'과 민주주의는 역사적 기원이 다르다. '숙의 민주주의deliberative democracy'처럼 충분한 논의를 거치는 것을 중시하는 민주주의 사상도 있지만 이는 비교적 최근의 일이다. 그런데

16 604년 제정된 일본 최초의 성문법을 말한다.

이를 이해하지 않은 채 논의가 진행되는 경우가 있다.

민주주의의 본질은 인민이 원하는 대로 국가를 운영하는 것으로, 그런 의미에서는 매우 무서운 사상이다. 포퓰리즘과 직결되며 인민의 의지를 대표하는 것이 특정 정당이나 독재자일 경우 전체주의나 파시즘을 초래할 수도 있다. 실제로 나치에 협력한 것으로 알려진 독일 법학자 카를 슈미트는 민주주의의 이름으로 독재를 긍정했다.

일본인은 혁명도 공화정도 경험한 적이 없다. 프랑스혁명도 러시아혁명도 엄청난 희생을 낳았는데, 일본에서는 이를 미화하는 경향이 있다.

따라서 민주주의에 대한 이해 부족은 결코 보수파만의 문제가 아니다. 일본의 리버럴파도 너무 이상화한 측면이 있다. 그들은 정권을 비판할 때 '민주주의'라는 말을 편리하게 사용하지만 민주주의를 "'위정자'가 민초의 지혜에 귀를 기울여 적절하게 안배해주는 것" 정도로 이해하는 것이 아닌가 의심될 때가 있다.

민주주의는 위대하다. 하지만 동시에 무섭기도 하다. 왜냐하면 민의는 틀릴 때도 있고 폭주할 때도 있기 때문이다. 따라서 민주주의의 양의성兩義性을 이해하는 것이 중요하다. 이원제와 삼권분립 등은 이러한 민주주의의 폭주를 막기 위한 장치다.

그래서 이 책에서는 '리셋은 위험하며 보수적으로 보일지라도 과거를 정정해가는 편이 낫다'고 주장하는 것이다.

'민주주의는 이거다'라고 외치는 것만으로 바른 사회를 이룰 수 있다고 생각한다면 이는 너무 유치한 발상이다.

너무도 추상적인 좌우 대립

평화와 환상이라는 주제로 돌아가보자. 환상은 현실 도피가 아니라 현실을 지탱하기 위해 필요할 때가 있으며, 이 환상을 만드는 것이 정정하는 힘이라는 얘기를 했다.

실제로 일본에서 전후의 평화주의는 일종의 방편이었다. 무력 포기를 약속함으로써 국제사회에 복귀할 수 있었다. 그리고 경제 성장에 집중하게 된다. 하지만 실제로는 미국의 핵우산의 비호를 받아왔다. 선악의 판단 여부는 달라도 좌우 모두 이 사실을 알고 있었다. 이 현실주의를 지탱한 것이 전쟁의 기억이었다. 그런데 1980년대부터 평화와 호헌만 외치면 된다는 젊은 세대가 등장한다.

이때부터 논의가 경직되었다. 보수파는 그런 좌파에 강력히 반발하며 '자학사관'이라고 야유했다. 리버럴파도 이에 대항해 더욱 완고해졌다. 지금은 헌법 제9조를 성전처럼 떠받치고 있지만, '9조의 모임九条の会'[17]이 만들어진 것은 21세기에 들어서다. 1990년대까지는 리버럴파 내에서도 개헌 논의

17 '9조의 모임'은 일본 헌법 제9조 개정 저지를 목적으로 2004년 오에 겐자부로 등 일본의 원로 작가 아홉 명이 주축이 되어 만든 사회운동단체다. 당시 옮긴이의 지도교수였던 고모리 요이치(小森陽一)가 사무국장을 맡았다.

가 있었다. 자위대가 실제로 존재하니 어찌 보면 당연하다.

소모적인 대립이 계속되면서 현재 일본에서는 정치적인 논의가 비정상적으로 추상적인 것이 되고 말았다. 예를 들어 전쟁 책임에 관해서도 일본은 절대적인 악이며 영원히 사죄해야 한다는 좌파와, 일본은 나쁘지 않다는 우파가 대립하는 구도다.

현실적으로 생각하면 어느 한편만 옳다는 것은 이치에 맞지 않다. 일본이 나쁜 짓을 한 것은 사실이니 사죄할 것은 사죄하되, 상대가 무리한 요구를 해온다면 그것은 받아들여서는 안 된다는 상식적인 대처를 해야 할 것이다. 하지만 이런 논의 자체가 안 된다.

가해의 기억이 사라졌다

이처럼 논의가 추상화되고 만 것은 전쟁의 기억이 퇴색된 것이 크게 작용했다. 예전에 책을 쓰기 위해 인체실험을 한 것으로 악명 높은 일본 육군의 연구기관 731부대에 관해 조사한 적이 있다.

일본의 인터넷 우익은 모든 것이 날조라고 믿고 있는 것 같은데, 일본에도 옛날에는 731부대에 관한 책이 많이 간행됐었다. 실제로 인체실험을 했다는 증언, 이를 목격했다는 증언 등 가해자의 증언이 꽤 남아 있다. 실명으로 얼굴이 나온 영상도 있다.

그런데 그런 정보들이 1990년대부터 줄어들었다. 실제로 이를 경험했던 사람들이 나이 들면서 세상을 뜨기 시작했기 때문일 텐데, 이로 인해 음모론이 만연하고 말았다. 731부대가 있었던 중국 하얼빈에 '침화일군 제731부대 죄증 진열관侵華日軍第七三一部隊罪証陳列館'이라는 박물관이 있다. 취재하기 위해 간 적이 있는데 일본에서 간행된 서적과 TV 영상이 많이 전시되어 있었다. 일본인만 이를 망각한 것이다.

무라카미 하루키村上春樹(1949년생)의 소설 《태엽 감는 새 연대기》는 노몬한 사건,[18] 일본군의 폭력 등을 묘사한 것으로 유명한데, 1990년대 중반에 간행됐다. 지금 돌이켜보면 망각되기 직전에 쓰인 책이라 할 수 있겠다.

이처럼 실제 경험이 망각된 결과, 모든 논의가 추상화되고 말았다. 개헌이냐 호헌이냐, 군국주의냐 반일이냐, 역사수정주의냐 자학사관이냐는 식의 이념적 논쟁만 하게 되었다. 일본의 국시였던 '평화'라는 말도 퇴색된 지 오래다. 참으로 안타까운 일이다.

전쟁을 악으로 여기는 점에서 일본의 보수파와 리버럴파는 모두 의견이 같을 것이다. 지난 제2차 세계대전을 통해 배운 가장 큰 교훈이며, 피폭국으로서 양보할 수 없는 선이기도 하다.

18 1939년 만주와 몽골의 국경지대인 노몬한에서 소련과 일본 사이에 일어난 대규모 충돌사건으로, 일본군이 대패함으로써 소련의 주장대로 국경선이 확정되었다.

따라서 우크라이나 전쟁이 일어나고 동아시아 정세가 불안정해지고 있는 상황에서 평화의 가치를 제대로 내세우지 못하고 있는 작금의 현실은 단순히 헌법 정신의 훼손에 그치지 않고, 일본 사상계 전체의 실패인 것이다.

메이지유신부터 패전까지가 77년이고, 패전부터 2023년까지가 78년이다. 메이지 시대 일본은 근대화를 달성하고자 천황 친정이라는 서사(국체)를 만들었다. 이는 일정 시기까지 유연하게 운용되었으나 시대를 거치면서 경직되었고 전쟁을 일으키고 말았다.

마찬가지로 전후 일본은 경제 성장과 국제사회 복귀를 이루기 위해 평화 국가라는 서사를 만들었다. 이 또한 일정한 시기까지는 유연하게 운용되었으나 지금은 경직된 상태다. 이렇게 정리할 수 있을 것이다.

평화주의를 '정정'해야 한다

따라서 지금 일본에 필요한 것은 평화주의의 '정정'이라고 생각한다. 전후 일본의 평화주의를 계승하되, 그 내용을 정정해 미래로 넘겨주기 위해 정정하는 힘을 사용하자. 마지막으로 이 제안을 하고 이 책을 마무리하겠다.

경제학자 고이즈미 신조小泉信三(1888~1966)가 1952년에 간행한 《평화론》이라는 얇은 책이 있다. 그는 게이오대학 총장을 역임했고 헤이세이 천황이 황태자였을 때 교육을 담당했던 인물이다.

이 책에는 샌프란시스코 강화조약[19] 조인을 둘러싸고 일본 내에서 격론을 벌이고 있을 때 쓴 논고가 수록되어 있다. 당시에 문제가 된 것은 전면 강화냐 단독 강화냐다. 단독 강화란 소련 등 사회주의 진영을 제외하고 조약에 조인하는 것으로, 이를 인정하는 것은 미일안전보장조약[20]을 인정하는 것을 의미했다. 마루야마 마사오를 비롯한 많은 지식인은 전면 강화를 주장했다. 그런 상황에서 고이즈미는 단독 강화를 지지하는 입장에서 글을 썼다.

말하자면 고이즈미는 현실주의적 입장에 선 것인데, 당연히 이는 전쟁을 긍정한 것이 아니다. 고이즈이는, 전쟁은 '기회'를 줬을 때 일어난다고 논했다. 이때는 한국전쟁이 벌어지고 있던 시기다. 개전 시 한반도에는 소규모의 미군 전력만 주둔했고, 한국군은 제대로 정비되지 않은 상태였다. 이 상황이 북한의 남침을 초래했다. 따라서 평화를 유지하려면 우선 상대가 넘볼 기회를 주지 않는 것이 중요하고, 미국과의 동맹은 반드시 필요하다는 논조였다.

평화를 지키려면 틈을 보여서는 안 된다. 이를 상식적으로 해석하면 반전 평화를 내세우는 것만으로는 부족하고 군비가 필요하다는 얘기가 된다.

19 샌프란시스코 강화조약은 제2차 세계대전을 법적으로 마무리짓기 위해 1951년에 연합국과 일본이 맺은 조약이다.

20 샌프란시스코 강화조약과 같은 날인 1951년 9월 8일에 체결한 미국과 일본의 동맹조약으로, 오늘날 미일동맹의 근간이 되는 외교협정이다.

실제로 고이즈미는 이를 말하고 싶었던 것으로, 이 지적은 지금도 통용된다. 좌파는 “군비 확장은 이웃 나라를 도발한다”고 주장하지만, 이는 별로 설득력이 없다. 공격을 해도 손해볼 것이 없다면 공격하는 것이 인간이다.

군비 증강과 평화 외교는 모순되지 않는다

하지만 이 ‘기회가 중요’하다는 논리는 다른 형태로 펼칠 수도 있다. 기회를 준다는 것은 달리 말해 ‘유혹한다’는 것이기도 하다. 알기 쉬운 예를 들자면 집 문을 열어두고 귀중품을 잘 보이는 곳에 두면 이를 훔치려는 사람이 생긴다. 그러니 문을 걸어 잠가야 한다, 경비원을 두어야 한다는 것이 고이즈미의 주장이다. 이는 이대로 필요하다.

그러나 다른 식으로 회피하는 방법도 있다. 아무리 눈앞에 지갑이 있어도 그것이 친구 것이라면 훔치지 않는다. 그런 관계를 만드는 것도 유혹을 회피하는 길이다.

즉, 군비 증강과 평화 외교는 모순된 것이 아니다. 나아가, 고이즈미는 미처 생각하지 못했겠지만, 지금처럼 관광과 콘텐츠 산업이 발달했기에 가능한 시민끼리의 교류 효과도 있다. 어떤 정부도 국민의 감정을 완전히 무시하지는 못한다. 가상 적국의 국민 중에 일본인과 만난 적이 있는 사람, 일본의 콘텐츠를 즐기는 사람이 늘어난다면 그만큼 일본을 무턱대고 침략할 가능성은 줄 것이다.

우파는 군비 증강을 호소하고, 좌파는 평화 외교를 주장한다. 으레 그렇듯 0 아니면 1의 대립 상태이지만, 사실은 양자택일이 아니다. 둘을 함께 추진할 수 있는 것이다.

목적은 '일본을 침략하고 싶다는 생각을 갖지 않게 하는 것', 이를 위해서 한편으로는 넘볼 수 없게 하면서 다른 한편으로 일본에 호감을 갖는 사람을 늘리면 된다. 애니메이션과 게임을 적극적으로 수출하고, 전 세계에서 관광객이 올 수 있도록 하면 된다. 이 또한 일종의 현실주의라고 생각한다. 미국은 실제로 이런 방법으로 안전보장을 확보하고 있다. 미국만큼 미움과 사랑을 동시에 받고 있는 나라는 없다.

아직 SEALDs의 영향력이 있던 시기에 한 학생이 "전쟁이 일어나면 우리는 술잔을 함께 기울이며 극복할 거다"라고 발언해 인터넷에서 엄청난 비판을 받은 적이 있었다. 전쟁이 일어나면 술이나 마시고 있을 여유는 없을 것이다. 하지만 평상시에 술을 함께 마시는 관계가 늘면, 조금이나마 전쟁 가능성은 줄어들지도 모른다. 이런 관점에서 이해하면 되지 않을까?

물론, 그럼에도 불구하고 전쟁이 일어나는 경우가 있다. 우크라이나 전쟁이 전형적인 예다. 러시아와 우크라이나는 문화적으로 가깝다. 여러 방면에서 밀접한 관계에 있다. 그런데도 전쟁이 일어났다. 따라서 관광과 문화 교류는 결코 만능이 아니다. 그렇더라도 문호는 열어두어야 한다.

평화는 소란스러움이다

나는 여기에 평화주의를 정정하는 방향성 중 하나가 있다고 생각한다. 전후 일본의 평화주의를 관광·문화 전략과 연결짓는 것이다. 평화 개념을 확장해 과거를 재해석하고 '일본은 예로부터 평화를 추구한 나라였다'는 새로운 스토리를 만든다.

일본은 원래 문화로 인정받던 나라다. 애니메이션, 게임만이 아니다. 노能,[21] 가부키,[22] 우키요에 그림, 헤이안 시대 문학, 가마쿠라 불교, 신사와 불각, 민속 예능, 나아가 '게이샤', '닌자'… 고상한 것부터 속된 것까지 놀라우리만큼 폭넓은 고유의 미학적 전통을 자랑한다. 이러한 문화적 풍요 전반을 '평화'와 연결지을 수 있지 않을까?

3장에서 토크빌의 《미국의 민주주의》라는 책을 다루었다. 그는 민주주의의 정신을 떠들썩함이라고 여겼다. 미국에서는 여러 사람이 이런저런 주제로 얘기를 나눈다. 출판의 자유도 결사의 자유도 보장되기 때문에 모두 제멋대로 하고 싶은 말을 한다. 이것이 민주주의를 뒷받침한다.

앞에서는 생략했지만 토크빌은 여러 차례 금주동맹의 존재를 언급한다. 물론, 많은 경우 결사는 정치적이지만 그중

21 12세기경 시작된 노래와 춤을 함께 공연하는 일본의 전통 가무극으로, 가면을 쓰고 공연하며 원칙적으로 남성 배우만 출연한다.

22 16세기 시작된 일본의 전통 연극으로, '노'가 귀족 중심의 예능인 것과 달리 서민적인 연극이다.

에는 '술을 마시지 않는다'는 강령을 내세우는 결사도 있다. 게다가 꽤 널리 퍼졌다. 토크빌은 이런 현상이 흥미로웠던 모양이다. 음주의 옳고 그름과 같은 취미·기호까지도 미국에서는 결사를 만들어 세상에 호소하는 대상으로 여긴다.

이는 매우 중요한 지적이라고 생각한다. 음주의 옳고 그름 따위 진지한 정치 담론 속에서는 아무래도 상관없어 보인다. 그러나 미국에서는 이것을 중요한 주제로 다룬다. 그래서 사회가 떠들썩하며, 바로 이것이 민주주의를 지탱하는 힘이 된다.

논리의 비약으로 느껴지겠지만, 나는 이 지적을 지금까지 논해온 것과 연결짓고 싶다. 토크빌은 떠들썩함이 민주주의를 지탱한다고 했다. 이를 다르게 표현하면 평화가 민주주의를 지탱한다는 것이 아닐까?

평화란 소란스럽게 떠들 수 있다는 거다. 평화가 없다면 금주동맹도 나올 수 없다. 그리고 이런 소란스러움을 가능하게 하는 힘은 사회가 정치에 완전히 지배되지 않는 데 있다. 정치와 무관한 주제로 소란스레 떠들 수 있어야 한다.

평화란 정치가 결여된 것

앞에서 이름을 언급한 독일 법학자 슈미트의 유명한 정의에 따르면, 정치의 본질은 '친구'와 '적'을 명확히 구분하는 데 있다.

그 궁극적 형태가 전쟁이다. 전쟁이 일어나면 생활 전체가 친구와 적의 구분으로 환원되고 만다. 모든 이가 '아군/적군'이라는 이분법으로 평가되고, 가벼운 이의 제기나 생활상의 독자적 판단조차 이적 행위라 비난받게 된다. 코로나19 팬데믹에도 일부 그런 극단적 양상이 나타났다. 전쟁은 정치의 연장인 것이다.

그렇다면 평화는 무엇일까? 평화란 전쟁의 결여다. 즉, 정치의 결여다. 정치와는 무관한, 친구와 적의 대립에 환원되지 않는 다양한 활동을 해갈 수 있는 것. 평화의 본질은 이것이 아닐까 생각한다.

평화는 정치가 결여된 것이라고 하면, 또 지식인들에게 혼날 것 같다(이 책에서는 계속 혼난다). 좌파 이론가 중에는 인간의 모든 행위는 정치적이라고 논하는 사람도 있다. 개인적인 것이야말로 정치적이라는 주장은 학생운동과 페미니즘의 슬로건이었다.

의도하는 바는 이해하지만, 그렇다고 해서 모든 것이 정치라고 하는 것은 '정치'를 너무 확대 해석하는 것이 아닐까? 모든 행위를 정치로 여기면 오히려 정치라는 말의 무게가 사라지고 만다.

나는 오히려 정치가 정치일 수 있는 것은, 그 바깥에 정치가 아닌 영역이 있기 때문이라고 생각한다. 예를 들어 일상생활에서 가족이나 친구와 대화를 나눌 때 보통 스포츠나 음악 얘기를 하다 싸움이 일어나지는 않는다. 어떤 팀을 좋아하고, 어떤 뮤지션을 좋아하는지. — 이런 얘기는 정치와 무관하게 나눌 수 있다. 거꾸로 말해 그럴 수 없다면 사회에서 정치적 긴장이 고조되었음을 뜻한다.

모든 이가 자기 취향을 자유롭게 말하고, 정치와 상관없이 가치관을 표현할 수 있는 것. 이것이 평화로운 일상이다.

탈정치적인 나라, 일본

나는 전후 일본은 바로 그런 의미에서 평화적인 활동, 즉 '탈정치적 활동'의 영역이 매우 풍요로웠던 나라였다고 생각한다.

여러 특징을 그 예로 들 수 있겠으나, 가장 알기 쉬운 것은 '오타쿠(마니아)'라 불리는 사람들의 출현이다. 사회에 관심을 두지 않고 허구의 세계를 탐닉한다. 만화와 애니메이션에 관한 얘기만으로 친구를 사귄다.

오타쿠 문화의 이런 특징은 서양의 서브컬처와 상당히 다르다. 서양의 경우 젊은이 문화는 계급이나 인종 문제와 밀접하게 얽혀 있다. 음악이든 패션이든 정치와 무관할 수 없다. 이에 비해 오타쿠는 현실에 관심이 없는 것처럼 보인다. 적어도 특정 시기까지 오타쿠는 그런 존재로 여겨졌다. 최근에는 빈부 격차, 젠더, 안전 보장 등에 대해 발언하는 사람도 늘었지만 정치적 메시지를 담은 작품은 지금도 예외적이다.

이 특징은 보통 부정적으로 취급되는데, 나는 오히려 탈정치적인 삶이 이렇게 퍼진 것 자체가 일본이 얼마나 평화로웠는지를 보여주는 것이라 생각한다. 전후 일본은 오랫동안

정치 바깥에 매우 풍요로운 '소란스러운' 세계를 만들어왔던 것이다.

물론, 좌파는 "허울뿐인 평화였다", "평화를 향유할 수 있었던 것은 국내의 다수파뿐이었다", "일본의 평화는 이웃 나라의 희생 위에 성립한 것이었다"고 지적할 것이다.

맞는 말이다. 다만 설혹 그랬다 하더라도 많은 일본인에게 그런 환상을 갖게 한 것은 일종의 성공이라고 볼 수 있지 않을까?

오타쿠적 감성과 전후 민주주의의 관계를 일찍 감지한 사람 중 한 명이 비평가이자 작가인 오쓰카 에이지大塚英志(1958년생)다. 그는 최근 좌파적 입장에서 발언할 때가 많지만, 원래는 이데올로기 대립과는 거리를 두고 일본 사회를 보던 사람이다. 대학에서 민속학을 배우고 오랫동안 서브컬처 현장에서 활동했다. 특정 시기에 그는 오타쿠의 소비 활동에는 어떤 '윤리'가 담겨 있다고 종종 얘기했다.

나 자신도 2001년에 간행한 《동물화하는 포스트모던》에서 오타쿠적 감성과 탈정치성의 관계를 분석했다. 흥미를 느낀 독자는 관련 부분을 읽어보기 바란다.

모든 것이 정치화되고 말았다

평화란 전쟁의 결여다. 정치의 결여다. 정치와 동떨어진 소란스러움이 가득 찬 것 상황이다.

일본은 원래 문화의 나라였다. 정치와 거리를 둔 섬세한 감성과 독자적인 예술을 많이 만들어내는 나라였다. 그 전통 속에 전후 일본이 있다. 쿨재팬도 마찬가지다. 따라서 일본은 무력을 포기해서 평화 국가가 된 것은 아니다. 원래 그런 전통이 있기 때문에 평화 국가다.

나는 전후 일본의 평화주의를 이렇게 '정정'하기를 제안하는 바다. 수긍하는 사람도 반발하는 사람도 있을 텐데, 이와 같은 재해석은 지금 이 세계에서 중요한 의미를 갖는다고 생각한다. 왜냐하면 지금은 반대로 전 세계에서 정치가 문화를 집어삼키기 시작한 시대이기 때문이다.

예를 들면 트위터가 그렇다. 2006년에 서비스를 시작한 SNS인데, 140자라는 글자수 제한 등의 이유로 처음에는 실없는 농담 등을 나누는 수다스런 공간이었다. 그런데 2010년대에 들어서 대기업, 행정기관이 활용하기 시작하면서 점점 진지하고 정치적인 공간으로 바뀌었다. 2010년대 후반에는 트럼프 전 미국 대통령이 트위터를 열심히 사용하기도 해서 좌우 불문하고 매일처럼 논쟁이 벌어지는 살벌한 공간으로 변모하고 말았다.

트위터만 그런 것이 아니다. 지금은 연예인도 뮤지션도 스포츠 선수도 정치에 무관심할 수 없는 시대다. 누구든 유명인이 되면 정치적 메시지를 내놓기를 기대한다.

최근 할리우드 영화는 놀라울 정도로 정치적 올바름을 배려하고, 대학에서 일하는 사람은 항상 캔슬 컬처를 두려워한다. 기후변동, 젠더, 인권 등 새로운 정치 문제가 매일처럼 생기는데 "그에 관해서는 답하고 싶지 않습니다"라고 말하는 것은 허용되지 않고, 보수인지 리버럴인지를 누구나 눈치봐야 하는 시대가 되었다.

이런 시대이기에 평화란 정치의 결여이고, 이 결여야말로 가치가 있는 것이라고 호소하는 것이다. "쉼 없이 생성되고 변화하는 기세"를 주체의 결여가 아니라 정치의 결여(를 추구하는 자세)로 해석하면 새로운 일본=평화론의 가능성이 열리지 않을까?

자연을 작위한다

이번 장 모두에서 작위와 자연의 대립을 논했다. 작위와 자연의 대립은 정치와 비정치의 대립이기도 하다. 마루야마 마사오는 근세 사상을 이 대립으로 정리했는데, 마지막으로 신란親鸞(1173~1263)과 니치렌日蓮(1222~1282)을 살펴보겠다.

신란과 니치렌은 일본 가마쿠라 시대 불교를 대표하는 두 승려다. 가마쿠라 불교를 대표하는 승려로 도겐道元(1200~1253)이라는 중요한 인물이 있고, 또 최근 연구에 따르면 신란의 획기성은 근대에 새로 발견된 것이라고 하는데, 여기서는 신란과 니치렌을 대비시켜서 일본 사상의 성격을 도식화하겠다.

신란은 정토진종浄土真宗을 처음 열었다. 신란의 스승 호넨法然(1133~1212)은 매우 뛰어난 승려였는데, 여러 생각을 거친 끝에 불경을 외기만 하면 된다는 경지에 이른다. 신란은 이를 더욱 철두철미하게 추구해 아미타불만 믿으면 악인이든 뭐든 반드시 구원되며, 따라서 구원되기를 바라는 마음조차 버리라는 매우 과격한 주장을 한 사람이다.

이 사상은 일종의 니힐리즘이라고 할까, 지금의 오타쿠식으로 표현하면 '세카이계セカイ系'[23]적 요소가 있다. '아무것도 안 해도, 세계가 멸망해도, 불경을 외기만 하면 극락에 갈 수 있을지도 모른다'는 것이다. 이는 재해로 가득한 일본 같은 나라에서 매우 매력적인 주장이다.

니치렌은 신란보다 반세기 후의 승려다. 그는 니치렌종日蓮宗의 종조宗祖로, 그 사상은 신란과 대조적이다. 한마디로 그는 종교의 힘으로 사회를 변혁하려 했던 개혁자로, 카리스마적 애국자였다. 불경을 외워 혼자 구원받는 것에 안주할 생각이 없었던 그는 당시의 정권(막부)에 《입정안국론立正安国論》이라는 제안서를 썼다. 이 세속적인 사회 개혁 노선은 지금도 창가학회創価学会[24] 등이 계승하고 있다.

23 '세카이계'는 만화, 애니메이션, 소설 등 일본 서브컬처에서 일반화된 스토리 유형 중 하나다. '세카이'란 원래 세계(世界)라는 한자의 일본어 발음인데, 한자로 표기한 일반적인 '세계'가 주체 바깥에 존재하는 객관적 판단의 근거를 뜻한다면, 이를 굳이 한자가 아닌 가타카나로 표기한 'セカイ'에는 '객관적인 외부 세계의 실제 인과관계와는 무관하게 개인이 자의적으로 구성한 자기 세계'라는 뉘앙스가 담겨 있다. 세카이계의 가장 큰 특징은 '너와 나'로 구성된 좁은 관계망이 사회나 국가와 같은 중간 항을 건너뛰고 '지구의 명운'과 같이 거대한, 그리고 때때로 황당한 규모의 세계와 직결된다는 점이다.

24 불교색이 강한 일본의 종교로, 국제적으로는 SGI로 알려져 있다.

즉, 거칠게 정리하면 한쪽에는 '다 포기하고 흘러가는 대로 맡길 수밖에 없다'는 신란적 사상(자연=비정치의 사상)이 있고, 다른 한쪽에는 '나라를 위해 최선을 다하자'는 니치렌적 사상(작위=정치의 사상)이 있다. 그리고 이 두 사상이 대립한다.

일본은 옛날부터 그러했던 것이다. '가라고코로(대륙적 정신)'와 '야마토고코로(일본의 마음)'의 대립도 모토오리가 만들어냈다기보다는 그전부터 있었던 사상적 대립의 변주로 보는 편이 낫다.

이 대립에 비추어보면 지금까지 논한 새로운 평화주의 구상은 '작위적으로 자연을 만든다'는 입장이라 할 수 있다. 평화는 정치의 결여이나 이 정치의 결여 자체는 정치만이 만들 수 있다. 평화를 이루는 것은 물론 정치다. 하지만 일단 평화를 이루면 정치는 안 보여야 한다. 그리고 정치가 안 보이는 동안에만 평화가 계속된다. 따라서 평화로울 때의 정치의 결여는 단순한 결여=무질서가 아니다. 전쟁과 평화, 정치와 비정치, 작위와 자연, 현실과 환상 등 다양한 차원의 대립을 넘어 '자연을 작위한다'는 제3의 입장에 서지 않으면 진정한 평화는 이룰 수 없는 것이다.

내가 이 책에서 얘기해온 것은 이것이야말로 정정하는 힘이 발휘된 상태라는 것이다.

과거를 정정했는데 정정했다고 느끼지 않게 하는 힘. 규칙을 바꾸었는데 같은 게임을 계속 하고 있다고 느끼게 하는 힘. 정치가 계속되고 있는데 사라졌다고 느끼게 하는 힘. 이는 즉슨, 작위가 있는데 자연이라고 느끼게 하는 힘이다. 평화는 정정하는 힘으로 이루어진다.

일본에서 인기 있는 루소

너무 거창한 얘기를 했다. 마무리하는 의미에서 철학으로 주제를 돌리자. 3장에서 루소를 논했는데, 실은 일본은 루소를 매우 높이 평가해 열심히 수용해온 나라다. 《삼취인경륜문답三醉人經綸問答》으로 유명한 자유민권 사상가 나카에 조민中江兆民(1847~1901)은 《사회계약론》을 메이지 시대 초반의 이른 시기에 번역했다.

그 영향은 사회사상에서 문학으로 옮겨가 시마자키 도손島崎藤村(1872~1943)을 비롯한 여러 자연주의[25] 작가가 루소가 쓴 자서전인 《고백》의 영향을 받게 된다. 제2차 세계대전 후에도 교토대학의 구와바라 다케오桑原武夫(1904~1988)를 중심으로 다양한 루소 연구가 이루어졌다. 1970년대 말부터 1980년대에 걸쳐 출판사 하쿠스이샤白水社가 루소 전집을 출간했다. 그 별권에 메이지 시대 이후 일본에서 이루어진 연구의 전체

25 자연주의는 일본 근대문학의 조류 중 하나다. 처음에는 프랑스 자연주의의 영향을 받아 객관적 현실의 묘사를 추구하였으나 다야마 가타이(田山花袋, 1872~1930)의 소설 《이불(蒲团)》이 일본 문단에 큰 충격을 준 후에는 작가 내면의 주관적 진실을 적나라하게 털어놓는 것을 자연주의라 부르게 되었고, 큰 틀로 보았을 때 일본 특유의 '사소설'이라는 장르가 탄생하는 계기가 되었다.

리스트가 게재되어 있는데, 그 분량에 압도된다.

루소는 왜 일본에서 인기가 있을까? 나는 그 이유가 방금 얘기한 '자연을 작위한다'는 역설에 있는 것이 아닐까 생각한다. 일본은 "쉼 없이 생성되고 변화하는 기세"의 나라다. 그래서 작품을 작품으로 제시하지 않고 '어쩌다 보니 만들어진 것'으로, 작위성을 감추어 제시하는 미학이 발달했다. 즉, '자연을 작위하는' 미학이 발달한 것인데, 루소는 바로 이 역설의 미학을 추구한 작가였다.

여기서부터의 설명은 표준적인 루소 해석이 아니라 내 해석이 상당히 들어간 것임을 염두에 두었으면 한다. 흥미를 느낀 독자는 앞서 언급한 《정정 가능성의 철학》을 읽어보기 바란다.

자연과 사회 어느 쪽을 택할 것인가?

루소는 자연과 사회 중 하나를 택해야 한다면 자연 그대로 사는 편이 낫다고 생각한 사상가였다. 사회 안에서 살면 타락한다고 생각한 것이다.

그럴 수도 있겠다고 생각할지도 모르나 사회사상가에게 이는 매우 골치 아픈 문제다. 왜냐하면 이를 전제로 하면, 인간은 왜 사회를 만드는가를 설명할 수 없게 되기 때문이다. 루소 이전에 활약했던 홉스나 로크 같은 사상가는 "인간은 자연 상태에서는 다투기만 하기 때문에 사회계약을 맺어 폭력을 억제하고 제대로 된 사회를 만들게 되었다"고 논했다.

알기 쉬운 논리다.

그런데 루소는 "인간은 자연 상태에서도 충분히 만족하며 행복하게 살았고, 다툼도 일어나지 않아 문제가 없었다"고 주장하기 때문에 이와 같은 알기 쉬운 논리를 전개할 수 없다. 이로 인해 주장이 이래저래 뒤틀려 있다.

즉, 루소는 한편으로는 사회계약이 중요하다고 말하면서 다른 한편으로 사회 같은 것은 없는 편이 낫다고 주장한, 큰 모순을 안고 있던 사상가였다. 루소에 대한 이해는 최종적으로 이 모순을 어떻게 해석할 것인가에 달렸다.

루소는 정정하는 사람이었다

나는 루소가 《사회계약론》과 거의 비슷한 시기에 《신엘로이즈》라는 연애소설을 썼다는 것을 중요하게 생각한다. 루소는 그냥 철학자가 아니라 오페라와 소설도 쓰는 등 다양한 활동을 했던 인물이다. 그중에서도 《신엘로이즈》는 특히 성공을 거둔 작품으로 당시 큰 인기를 누렸다. 1760년대에 간행됐지만 19세기에 독일문학과 영문학에까지 큰 영향을 미친다. 독자들이 무대가 된 레만 호수를 '성지순례'하기도 했다.

한마디로 이 작품에서 루소는 '자연스러운 연애를 작위한다'는 주제를 추구한다. 연애는 순수해야 한다. 저절로 이루어져야 한다. 진실이어야 한다. 소설은 그런 이상을 내걸고 시작하지만, 이런저런 장애로 인하여 주인공끼리의 연애가 자연스럽게는 이루어질 수 없게 된다. 그 후 거짓 연애를 하게 된다. 하지만 이 연애가 완전히 거짓인 것은 아니다. '사실 …였다'는 논리 전개로 진실된 연애 쪽이 재해석되어간다. 루소는 이러한 이상한 스토리를 만들었다.

루소 연구는 문학 분야와 정치사상 분야로 크게 나뉜다. 《신엘로이즈》의 내용은 보통 《사회계약론》을 읽는 연구자 사이에서 연구 대상으로 다루어지는 일이 없다. 별로 읽히지 않는 것이리라.

그러나 나는 이 두 책은 같이 읽어야 한다고 생각한다. 루소는 《사회계약론》에서 민주주의의 원리를 제시했다(정확히 말해 루소는 민주주의를 논한 것은 아니지만 일반적으로 그렇게 이해하고 있으므로 여기서도 그에 따르도록 한다). 민주주의를 작위할 수 있다고 주장했다.

하지만 사실은 그것만으로는 부족하다는 것을 알고 있었다. 민주주의를 작위하는 행위를 마치 그것이 작위가 아닌 것처럼 여기게 하는 것, 마치 자연스레 만들어진 것 같은 인공적 환경을 만들어야 한다는 것을 알고 있었다. 그래서 이 두 책은 거의 같은 시기에 간행된 것이라고 생각한다.

즉, 루소는 작위와 자연을 단순히 대립하는 것으로 여기지 않았다. 대립을 지양하는 '자연을 작위한다'는 입장에 섰다. 이는 루소가 무엇보다도 '정정하는 힘'을 중시한 사람임을 의미한다.

또 하나 예를 들자면 루소는 만년에 쓴 《고백》이라는 자서전에서 자기 인생의 모든 것을 투명하게 독자에게 드러내겠다, 아무것도 감추지 않겠다고 강조한다. 이 솔직함이 후세 문학자에게 큰 영향을 미쳤다.

하지만 잘 생각해보면 이는 픽션일 수밖에 없다. 몇십 년이나 지난 무명 여성과의 대화, 금전적 문제를 그렇게 자세히 기억하고 있을 리가 없다. 아마도 많은 부분이 루소의 주관적 확신이나 창작이었을 것이다. 그러나 그것으로 족하다. 왜냐하면 그것이야말로 바로 '사실 …였다'의 실천이기 때문이다. 루소는 자기 인생 자체를 정정하려 했던 것이다.

루소는 정정하는 힘을 문학사에서 처음으로 주제로 삼은 사상가였다. 일본 근대가 그런 그의 철학을 적극적으로 수용해온 것은 뭔가 통하는 것이 있음을 직감해서일 것이다.

극단적 주장이 공존하는 나라

2023년 3월에 타계한 소설가 오에 겐자부로大江健三郎(1935~2023)는 1994년 노벨문학상 수상 스피치에서 "애매모호한 일본의 나"라는 표현을 썼다. '애매모호함'이란 양의적이라는 것으로, 지금까지 논해온 작위와 자연의 대립과 직결된다.

일본은 극단적인 것이 공존하는 나라다. 이는 사상만의 얘기가 아니다. 예를 들어 일본의 '미학'에도 두 가지 경향이 있다. 한편으로 브루노 타우트[26]가 좋아한 스타일리시한, 모

26 브루노 타우트(1880~1938)는 독일의 건축가이자 도시계획가로, 제1차 세계대전 이전에 철강과 유리 등 새로운 소재를 사용한 건축 작품을 선보였다.

더니즘과 상통하는 미니멀한 미학이 있다. 건축가나 패션 디자이너는 이 경향을 선호한다. 다른 한편으로, 가부키, 오타쿠, 아이돌 문화에서 보이는 화려하고 키치한 미학도 꾸준히 힘을 발휘해왔다. 그리고 양자를 자유자재로 구분해서 활용한다.

이는 소위 다양성과는 다른 존재 양태일 것이다. 하지만 여기에 어떤 가능성이 있는 것은 분명하다. 이를 사상적으로 명확히 해가면 모든 것을 '친구'와 '적'으로 가르고 극단적 주장이 충돌하는 21세기의 세계에 대해 일본인은 극단적 요소를 공존시키는 데 성공해왔다는 희망적 메시지를 보낼 수 있을지도 모른다.

조몬縄文과 야요이弥生.[27] 조정과 무사.[28] 양이와 개국. 메이지와 전후.[29] 작위와 자연. '가라고코로(대륙적 정신)'와 '야마토고코로(일본의 마음)'. 보수와 리버럴. 두 극단적 주장의 대립을 수도 없이 거듭해왔다. 그리고 이 둘을 왕복하며 정체성을

27 조몬과 야요이는 모두 일본 선사시대의 시대구분이다. 조몬 시대는 기원전 14000년~기원전 1000년경으로 추정되며 수렵채집을 중심으로 한 신석기시대다. 야요이 시대는 기원전 1000년경~기원후 3세기경으로 추정되며, 이때 일본은 신석기시대에서 철기시대로 이행한다.

28 여기서 '조정'은 천황과 귀족 세력을, '무사'는 막부로 대표되는 무사 세력을 가리킨다.

29 '메이지'와 '전후'는 매우 다양한 함의가 있어 요약하기는 어려우나, 대조되는 대표적인 이미지를 하나 고르자면 '메이지'는 메이지유신으로 대표되는 부국강병을, '전후'는 평화 헌법으로 대표되는 민주주의와 인권을 상기시킨다.

형성해왔다.

그런 의미에서 일본은 매우 리버럴적인 것처럼 보이지만 본질에 있어서는 보수적이라고 할 수 있으며, 반대로 매우 보수적인 것처럼 보이지만 본질에 있어서는 리버럴적이라고도 할 수 있다. 이런 토양이 있기에 과거에 일본은 동양과 서양을 융합할 세계사적 사명을 띠고 있다는 주장을 하던 때도 있었다. 이제 더 이상 일본이 아시아를 대표하는 시대가 아니지만, 철학 분야에서는 아직 세계에 통용할 잠재력이 있다고 본다.

정정하는 힘은 유럽 철학에서 도출한 개념이다. 하지만 이는 일본의 문화적 역동성을 표현하는 말이기도 하다. 일본은 실은 '정정할 수 있는 나라'였다. 하나의 가치관으로 똘똘 뭉쳐 내달리는 것처럼 보이지만 항상 이에 대해 스스로 반박하기도 하는 양의적인 나라였다. 쉼 없이 정치를 탈구축하는 나라였다.

정정하는 힘의 역사를 다시 떠올리는 것이 '잃어버린 30년'을 극복하고 이 나라를 되살리는 하나의 계기가 될 것이다. 이를 이 책의 결론으로 삼는다.

이 장의 정리

이 마지막 장에서는 지금까지의 논의를 바탕으로 '정정하는 힘'을 활용해 일본 사상과 일본 문화를 어떻게 비판적으로 계승해나가야 할지 논했다.

전후 일본을 대표하는 리버럴파 정치학자 마루야마 마사오는 작위와 자연을 대립적으로 파악하고, 일본인은 "쉼 없이 생성되고 변화하는 기세"에 휘둘리기만 하고 작위성=주체성을 발휘하지 못하는 것이 문제라고 지적했다. 하지만 여기에 그치면 여기저기서 듣는 '일본은 더 근대화해야 한다'는 주장이 되고 만다.

그래서 이 책에서는 제3의 길을 제시했다. '자연을 작위한다'는 입장 말이다. 변화를 변화로서 허용하면서도 일관성을 유지하는 길이다. 그런 입장을 만들어내는 힘이 바로 정정하는 힘이다.

이 입장은 평화주의의 계승과 밀접하게 관련되어 있다. 평화란 전쟁의 결여다. 이는 정치의 결여이기도 하다. 하지만 그러한 정치의 결여도 결국은 정치의 힘으로 만들어내야 한다. 어렵게 느껴지겠으나 이것이야말로 '자연을 작위하는 것'이다.

평화로운 나라란 '매우 소란스러운 나라'이기도 하다. 정정하는 힘은 '소란의 힘'이기도 하다. 사회 전체가 하나의 화제에 지배당하지 않는 것. '친구'와 '적'의 분단에 지배당하지 않는 것. 다양한 사람이 정치적 입장과 상관없이 연결되어 여러 이야기를 나누고, 극단적 주장이 극단성을 유지한 채로 계속해서 공존하며 항상 새로운 참가자에게 열려 있는 것. 일본에는 원래 그와 같은 소란스러움을 중시하는 문화적 전통이 있었다.

그 전통을 살려 전 세계에 퍼뜨리는 것. 정정하는 힘을 되찾는 것. 평화를 재정의하는 것. 이것이 일본 부활의 길이다.

나오며

이 책은 내가 말한 것을 정리해 글로 다듬은 것이다. 근현대사 연구자로 활약 중인 쓰지타 마사노리辻田真佐憲(1984년생)가 듣는 이 역할과 구성을 맡아주었다.

쓰지타는 예전부터 '겐론 친구의 모임' 회원으로 친한 친구이기도 하다. 하지만 나와는 정치적 입장이나 관심 영역이 다르기 때문에 전혀 새로운 책이 나오지 않을까 기대가 되어 부탁을 했다.

결과는 기대 이상이었다. 쓰지타가 화두를 던져주지 않았다면 내가 히라타 아쓰타네나 시바 료타로를 논할 기회는 없었을 것이다. 이 책은 내가 지금까지 낸 어떤 책과도 다른, 새로운 아즈마 히로키 책이라고 생각한다. 나 자신이 이 책을 통해 새로이 '정정'되고 만 느낌이다.

책으로 만들 때 쓰지타가 구성한 것을 나 자신의 언어로 모두 다시 말하는 과정을 거쳤다. 따라서 누가 봐도 내 책으로 보이나 논의의 흐름은 쓰지타가 만든 것이다. 이 책의 원고를 수정하는 작업은 쓰지타가 작곡한 것에 가사를 붙이는 것 같은 기묘한 경험이었다.

이 책은 폭넓은 독자를 상정하고 만들었다. 하지만 집필을 마치고 나니, 이 책이 어떤 사람들에게 전달될지 도무지 모르겠다. 이 책에서는 이런저런 화제를 다루었다. 시사 문제도, 일본의 미래도 언급했다.

그럼에도 불구하고 독자의 얼굴이 떠오르지 않는 것은 이 책의 방향성이 현재의 유행과는 너무도 동떨어져 있기 때문이다.

이 책은 '정정하는 힘'을 주제로 한다. 정정하는 힘이란 '생각하는 힘'이다. 나는 무엇보다 독자가 '생각하는 사람'이 되길 바라는 마음으로 이 책을 썼다. 하지만 요즘 그런 책은 환영받지 못한다. 시장을 석권하고 있는 것은 '생각하지 않는' 방법을 알려주는 말들뿐이다. 그래서 독자를 머릿속에 그리기 어렵다.

생각한다는 것은 매우 이상한 행위다. 생각했다고 해서 꼭 좋은 일이 있는 것은 아니다. 오히려 생각하면 행동을 머뭇거리게 된다. 앞으로 전진할 수 없게 된다. 그럼에도 생각하는 것이 중요하다고 이 책에서 누누이 논해왔으나, 솔직히 정말 그렇다는 확신이 있는 것도 아니다. 세상에는 아무 생각도 안 하고 크게 성공한 사람이 얼마든지 있기 때문이다. 아무리 생각해도 생각 안 하고 성공하는 편이 나아 보인다.

그런데도 나는 무슨 이유에서인지 지금 세계에는 생각하는 사람이 너무 적고, 이는 큰 문제라고 느끼고 말았다. 모두가 '생각 안 하고 성공'하기 위한 방법만 추구하는 나라는 언젠가 망할 거라고 느꼈다. 그런 위기감을 갖은 것도 이 책을 쓰게 된 계기 중 하나다. 이 책의 간행을 통해 그런 위기감을 공유할 수 있는 동지를 한 명이라도 많이 찾았으면 좋겠다.

쓰지타가 준비한 구성을 받고 며칠 후 만화가 우라사와 나오키浦沢直樹(1960년생)[1]와 대화할 기회가 있었다. 이때 우라사와의 "밥 딜런도 정정하는 사람이었어"라는 말에 큰 힘을 얻었다.

밥 딜런과 나, 그리고 우라사와와 나를 비교할 생각은 추호도 없지만 사람은 누구나 오랫동안 일을 해오다 보면 자기 자신을 정정해야 할 상황에 놓인다. 이에 대해서만은 잘 알고 있다고 스스로 생각해왔고, 이를 알고 있다는 것을 우라사와가 알아준 것이 영광이었다.

독자의 얼굴을 모르겠다고 했지만, 만약 가능하다면 이 책을 무언가를 창조하는 사람, 무언가 하나를 꾸준히 해온 사람이 읽어주었으면 하는 바람이다.

나는 논단에서 평판이 좋지 않다. 하지만 정의를 그럴싸하게 내세우거나 논쟁에서 이기는 것이 목적이 아니라 세상에 무언가를 남기고 싶어 하는 사람이라면 내 철학이 쉽게 이해될 것이다.

이 책의 내용은 2023년 8월에 겐론에서 간행한《정정 가

1 일본의 만화가로, 대표작으로《마스터 키튼》,《몬스터》,《20세기 소년》,《플루토》 등이 있다.

능성의 철학》과 깊은 관련이 있다. 철학적인 측면에 흥미를 느꼈다면《정정 가능성의 철학》을 읽어주기 바란다.

마지막으로 쓰지타와 아사히신문출판의 이케타니 신고 池谷真吾(1970년생)에게 감사를 표한다.

정정하는 힘

초판 1쇄 2024년 12월 16일 발행

지은이 아즈마 히로키 **듣는 이·구성** 쓰지타 마사노리 **옮긴이** 안천
펴낸이 김현종 **출판본부장** 배소라
책임편집 최세정 **편집도움** 황정원 **디자인** 조주희
마케팅 안형태 김예리 **경영지원** 문상철

펴낸곳 ㈜메디치미디어
출판등록 2008년 8월 20일 제300-2008-76호
주소 서울특별시 중구 중림로7길 4
전화 02-735-3308 **팩스** 02-735-3309
이메일 medici@medicimedia.co.kr **홈페이지** medicimedia.co.kr
페이스북 medicimedia **인스타그램** medicimedia

ISBN 979-11-5706-381-9 (03100)